国家社科基金重大项目
“中国共产党百年对马克思主义的整体性原创贡献研究”
（21&ZD019）阶段性成果

马克思主义世界观和方法论史话

任晓伟——等著

学习出版社

图书在版编目（CIP）数据

马克思主义世界观和方法论史话 / 任晓伟等著. -- 北京：学习出版社，2024.6

ISBN 978-7-5147-1265-0

Ⅰ. ①马… Ⅱ. ①任… Ⅲ. ①马克思主义哲学—发展—研究—中国 Ⅳ. ①B27

中国国家版本馆CIP数据核字(2024)第072401号

马克思主义世界观和方法论史话

MAKESI ZHUYI SHIJIEGUAN HE FANGFALUN SHIHUA

任晓伟 等著

责任编辑：沈潇萌

技术编辑：贾 茹

出版发行：学习出版社

北京市崇外大街11号新成文化大厦B座11层（100062）

010-66063020 010-66061634 010-66061646

网 址：http://www.xuexiph.cn

经 销：新华书店

印 刷：河北鹏润印刷有限公司

开 本：710毫米×1000毫米 1/16

印 张：13.25

字 数：166千字

版次印次：2024年6月第1版 2024年6月第1次印刷

书 号：ISBN 978-7-5147-1265-0

定 价：58.00元

目 录

CONTENTS

第三章 列宁对马克思主义世界观和方法论的继承和发展

第四章 毛泽东对马克思主义世界观和方法论的创新

第五章 不断开辟马克思主义世界观和方法论新境界

第一章

何为世界观和方法论

世界观和方法论，这两个概念或者说词语，人们在生活中经常用到，在生活与工作中也经常会遇到和世界观、方法论相关的事情，许多事情也能触发人们对世界观、方法论的思考。那么，什么是世界观和方法论？简单地说，世界观就是对世界的整体性或总体性看法，相较于对世界中某一对象或某一方面的看法，世界观是一种“根本性”的看法。先抛开世界本身的整体状况不谈，单从“诸看法”上来讲，相较于具体的看法，“世界观”这一“看法”就是一种纲领性的看法、总体性的认识，因而可成为“诸看法”的基础和前提，同时也是引导人们展开具体认识与具体行动的方法。有人会说，我就没有想过什么世界观的问题，这也是事实。但是，我们具体的想法、判断和行为，总是与一定的世界观联系在一起的，也是对这种“一定的世界观”的具体表现，只是“没有想过”罢了。

一

众说纷纭的世界观和方法论

人是在世界中生存的，每个具有健全头脑的人对这个世界或自觉或不自觉地抱有一种整体性的看法，这一看法同时也自觉或不自觉地渗透在他的每一具体的认识活动和实践活动中，因而成为他个人的“生存指针”，即方法论。爱较真的人会说：“我对这个世界根本没有任何看法！”事实上，这并没有否定世界观的存在，恰恰相反，“对世界根本没有任何看法”也是对世界的一种根本性或整体性看法，甚至可以说，我们所批判和反对的虚无主义也是一种世界观。这样说，有点抖机灵的味道，更符合大多数人的情况是，人们通常意识不到自己的世界观。人们总是和世界中具体的事物打交道，心思和眼光也总是围绕着与行事直接相关的东西转来转去，偶尔也会转到自己身上去，当这样做时，他自己也成为与行事相关的特定的一部分。但是，“世界”，这个超越了特定事物，把所有的事物乃至自己也囊括在内的东西，如何能成为我的“对象”呢？

德国哲学家海德格尔曾称，“世界观哲学这个概念就是木制的铁”[①]。“木制的铁”是一个讽喻，指那种荒谬、荒诞的东西，即实质上不可能的东西。如果仅仅在认识论上，在“人—对象（世界）”结

①［德］海德格尔：《现象学之基本问题》（修订译本），丁耘译，商务印书馆2022年版，第13页。

构的意义上去界定世界观，将世界观理解为人对整个世界的根本看法，海德格尔的讽刺有其合理之处，即观（看）世界的人被抽拽出了世界之外，则一个把我排除在外的世界不能被称为“整个”世界。但是，世界观并不是一个单纯认识论上的术语，相反，它是一个更为前提性的术语。人首先并不是作为一个静观的认识者存在，而是作为一个活动者存在，人在与世界中诸多事物打交道的过程中，同时也产生了对世界的“整个”理解，这一理解一开始是不自觉和零散的，逐渐地向着自觉和系统去发展。

世界观这个概念，在人类历史的发展过程中最初是以朴素的形态出现的，以朴素的形式指向“整个”世界，其内涵却并没有被清晰而明确地界定出来。例如，中国传统文化思想中的“天下”一词、“四海之内皆兄弟”的“四海”一词，都相当于“世界”一词。可以说，“世界”尤其是“世界观”是一个较具现代气息的术语，在古代朴素意义与这一术语相当的是“宇宙”一词。中国古代“宇宙”一词连用最早出现在《庄子》一书中，约同时期的《尸子》一书给出了分解性说明：“四方上下曰宇，往古来今曰宙。”从时间和空间的无限性来表达“宇宙”这个至上整体的极限概念，体现了中国古人的智慧。相应地，宇宙的含义可以从两个方面得到说明：一方面，如果以“天”和“地”代表中国古人经验中的空间边界，“宇宙”一词首先表达的含义是指天地之间一切事

▶庄子像

物的总和，这一意义偏向于“宇”的空间向度；另一方面，“宙”以时间维度凸显了中国古人对存世之物运动变化特性的体验，因而宇宙另一个重要的含义是宇宙间万物不断生成、不断演化。《易》为中国古代六经之首，其名称即体现了中国古人对宇宙之“动”意与“生”意的深刻洞察，“生生之谓易”“天地之大德曰生”，生生之万物构成了中国古人生存的初始情境，万物之生生则迸现了中国古人生存的基本情调。东晋陶渊明《神释》诗中有“纵浪大化中，不喜亦不惧”之语，将宇宙大化之特性与生命之感受融为一体，使宇宙自然大化特性又体现为生命生存的境界。宋儒周敦颐有“绿满窗前草不除”之举，只为“观天地生物气象”；周敦颐弟子程颢则有“万物静观皆自得，四时佳兴与人同”语，以“仁者以万物为一体”将孟子“上下与天地同流”的儒者气概充盈为由己而外的生命境界；张载则继承了中国古代源远流长的“气化”思想，把万物之聚散、生灭视为一气大化流行之“情一节”，讲出了“安时而处顺”“存顺没宁”的生命达观与生命情致。明王阳明除了发掘“仁者以万物为一体”的境界一体意义外，还强调了“盖天地万物与人原是一体”的本然一体之意。但是，从总体上来看，宋明儒者整体上强调的是“万物一体”的境界论含义，把万物一体理解为主体通过道德修养即“心的工夫”所达到的生命境界，如陆九渊“宇宙便是吾心，吾心即是宇宙”所明示的。明清更迭之际的王夫之则批评了理学“以心统物”的一体论，申明“物之不可绝也”，而坚持从“气”之本然上讲宇宙之一体：“上天下地曰宇，往古来今曰宙。虽然，莫为之郛郭也。惟有郛郭者，则旁有质而中无实，谓之空洞可矣。宇宙其如是哉？宇宙者，积而成乎久大者也。二气絪缊，知能不舍，故成乎久大。二气絪缊而健顺章，诚也；知能不舍而变合禅，诚之者也。谓之空洞而以虚室触物之影为良知，可乎？”宇宙并不是一个旁有质而中无实的容器，把内中之“无”发挥为“良知”更是离题，宇宙只是阴阳二气之氤氲、万汇之融结。近代章太炎以西方近代物理科学中的“以太”解释传统“万物一体”的思想，更是体现了从客观存在上把握宇宙整体的倾向，赋予了传统由“一气贯通”讲“一体”这种言说方式以现代气质。

在西方古代，毕达哥拉斯学派最早使用了“宇宙”一词。如果以上述我们讲过的宇宙最初含义而言，即将宇宙理解为天地之间一切事物的总和，那么，西方哲学之父泰勒斯在思索“万物由以生成的本原为何”这一问题时，也是在探究“宇宙论”问题。但是，毕达哥拉斯的数学倾向又使“宇宙”一词获得了不同于中国传统“气化演进”含义的另一种含义。作为“万物总和”的宇宙，其含义固然清晰明确，但这一万物总和很难从经验上被把握，经验所及总是有它特定的感性的限度。正如“坐井观天”中的青蛙，其所观之天的局限性于生活在更广阔空间的人来说是一目了然的，但经验直接感受的有限性何尝又不是人的“井”呢？也就是说，人们凭借经验无法达到对“万物总体”的把握，于是，以数学的方式把握万物总体之中的秩序、法则，就成为另一种理解宇宙的方式。“数”表达的是关系、结构和秩序，万物在“数”的规定中表现为一个和谐秩序的整体。如此我们也能够理解，为什么毕达哥拉斯学派第一次在西方提出了“宇宙”一词，因为在他们看来，只有以数学的方式才能把宇宙整体确定下来。数学的方式不是经验感性的方式，而是类同于逻辑的方式和概念的方式，也就是说出自于思维的方式，恩格斯引用黑格尔的评论说，这种说法“根绝了感性的本质”“并且把本质设想为一个思维规定”[①]，于是，宇宙作为万物总体的定义就被关于宇宙本质的定义取代了。

---

①《马克思恩格斯文集》第九卷，人民出版社 2009 年版，第 431 页。

我们看到，西方传统在对宇宙的理解上走了一条不同于中国传统理解的道路，中国传统偏向于从运动变化上理解万物的总体存在，西方传统由于一开始欣赏不了赫拉克利特关于“人不能两次踏进同一条河流”的运动箴言，这从称他为“晦涩哲人”就可以看出，于是走上了以思维规定性探究宇宙总体本质的道路。从西方思想后来的发展看，宇宙的本质就是由理性能力所对应的世界内部的整个关系、秩序、原则或规律。恩格斯称赞毕达哥拉斯“这样就第一次表述了宇宙的规律性”[①]，但同时他也引用亚里士多德的话批评毕达哥拉斯“他们并没有说明运动是怎样发生的”，他们“没有说明没有运动和变化怎么会有生成和灭亡或天体的状态和活动”[②]。这样一来，这种理解方式反而把“宇宙”这个概念给否定了。这是因为，从经验直观上看，宇宙是变动不居、无物常驻的，但从数学的眼光、逻辑的棱镜与理性的规定来看，宇宙又是不动的。宇宙论上的这个矛盾把宇宙概念给瓦解了，被“世界”这个概念取而代之，但同时，“世界”也被二重化了。

“世界”的二重化，在柏拉图那里表现为“可感知世界”与“可理知世界”的二重化分，其中，“可感知世界”是变动不居亦是虚而不实的“假象”，“可理知世界”是不朽不坏、自古以固存的“真象”。用柏拉图的术语来说，理智能够把握的对象是“理念”，因而，可理知世界又是理念世界。柏拉图的世界二重化传统在康德那里被表述为“现象世界”与“本体世界”，现象世界是一个经验可知且其规定性可被确定的世界，是一个由知性的必然性法则支配的世界；本体世界则是一个经验不可知而理性上可思的世界，其实在性是由实

---

①《马克思恩格斯文集》第九卷，人民出版社 2009 年版，第 431 页。

②《马克思恩格斯文集》第九卷，人民出版社 2009 年版，第 432 页。

◎名人介绍

康德

（1724年4月22日—1804年2月12日）

德国哲学家、作家，德国古典哲学创始人，其学说深深影响近代西方哲学，并开启了德国古典哲学和康德主义等诸多流派。康德是启蒙运动时期最后一位主要哲学家，是德国思想界的代表人物。他调和了笛卡儿的理性主义与培根的经验主义，被认为是继苏格拉底、柏拉图和亚里士多德后，西方最具影响力的思想家之一。康德以他的批判性哲学为基础，提出了人是目的而非手段，实现了将人从单纯因果必然性的束缚下解放出来，完成了古典法哲学向现代法哲学的转变和发展史上革命性的变革。同时，康德对人的自由与权利的实现和维护以及私法和公法等法哲学问题进行了深入的探讨，形成了丰富的法哲学思想，对于后代法哲学的发展产生了重大的影响。康德的批判哲学体系是近代理性主义和经验主义矛盾的结合，具有鲜明的二元论特征。他的哲学对德国古典哲学和西方哲学具有深远影响，对马克思主义哲学的诞生也具有深刻影响。

践理性确定的世界。康德在他写于1790年的《判断力批判》一书中第一次在现代意义上使用了“世界观”[①]一词，康德使用的德文词为Weltanschauung，由Welt（世界）和Anschauung（直观）组成。在康德那里，Anschauung作为直观的“观”，是指感性直观而不是理性直观，因而，“世界观”在康德那里只是指由经验可知的现象世界，并不足以表达包括本体世界在内的整个世界。虽然康德也努力想把现象世界和本体世界统一到“一个”世界中来，但康德并没有达到他预期的目的。

在康德那里，“世界观”一词的矛盾只是以一种典型的形式揭示了对宇宙的本质进行界定的困难。从另一个角度来说，这一困难来源于人的视角的觉醒。在古代思想家那里，思想的方式是直观朴素的，人们只是将目光朝向探究的对象，将整个探究的焦点集中于对象本身，而不考虑探究方式本身是否

①［德］康德：《判断力批判》，邓晓芒译，人民出版社2002年版，第93页。

会对关于对象的最终认识有影响。在这种认识方式中，人作为认识者是透明的，不被计入认识过程之中，认识对象在认识之光中会纤毫毕见地呈现出来。康德打破了这种天真的自信与乐观，提出了人在对世界进行认识时的认识论难题：人的可能经验认识的边界决定了世界观的边界。在中文语境中，“世界”一词后出，且系佛教中用语，首次出现于唐朝时所译出的《楞严经》，“云何名为众生世界？世为迁流，界为方位”。中国古代“宇”“宙”两词的含义是从空间和时间上来说的，“世”“界”也是从时间和空间上来说的，但是二者的含义悄悄有了不同于西方的变化。这一变化虽同样是表达存在的整体，但“宇宙”这个术语并没有关于“人”的内容的特别蕴意，而“世界”则包含着关于人之生的意味，如《楞严经》称世界为“众生世界”。此外，尘世、人生在世等也是常见的讲法。我们可以猜测，中文中“世界”将时间维度置于空间维度之前，究竟是否也体现了这种生之“历世”的意味？然而，这种变化在西方传统那里表现得更为极端，例如，康德干脆把时间和空间理解为主观性的东西。在康德那里，时间和空间只是主体（人）进行认识时先天所具有的直观形式。抛开康德关于时间和空间的具体论述，康德的处理方式昭示的是这样一个要求：我们不能抛开人自身的存在去抽象地（也即天真地、无辜地）谈论世界自身的存在状况问题。

从理论的历史发展上说，康德打破了在世界观问题讨论上的朴素态度，采取了一种批判的、反思的，因而也是理论的态度，但也把世界观问题的困难在理论上挑明了。这一困难在理论上的严格表现是：世界观只是对现象世界的“观”，本体世界无法被“观”，因而世界观就不是对整个世界的“观”，如此，就其词义来看，“世界观”是一个虚假的概念，自身不能成立，或者，退一步说，“世界观”是一个有限的概念或被限制的概念。这一理论规定上的有限性的流俗形式表现为：每一个人都有自己“完整的”世界观，它们在很多情况下彼此不相容，相互冲突。这一问题在中国近代的思想争论中亦有表现，如在1923年的“科玄论战”关于人生观的讨论中，吴稚晖将宇宙观称为“漆黑一团”，称“人生观才有宇宙观”[①]，与吴稚晖同一战线的张君劢、丁文江也说过“天下古今之最不统一者，莫若人生观”[②]之语。以此推之，人生观言人人殊，则宇宙观亦是人各有论，莫衷一是。

流俗上世界观纷争的问题与理论上世界观自身不能整个实现的问题，源自康德的批判反思，这一反思体现了认识之方法对认识之对象的“篡改”能力。在朴素认识形态中，感性直观就是指无中介、无障碍的直接把握。康德第一次改变了关于直观的定义，将直观理解为以时空等先天形式为中介展开的认识方式，继而，在感性直观的基础上，人类又以知性的范畴即概念为中介工具对感性的表象成果进行综合，达到确定的知识。康德自己把这种处理方式理解为积极的，称之为“哥白尼倒转”，用上述分析来说，这一倒转就是：不是古代传统中对象决定方法，而是方法决定对象。康德尽管破坏了传统关于世界观定位的乐观自信，但却将方法论抬到了世界观的高度，尽管这一方法最后也没有完成关于“整个”世界观的建筑。

德国古典哲学的后继者们如费希特、谢林、黑格尔，在康德的基础上完成了关于“世界观”体系的建构，这一完成的关键在于对方法论的阐明。在康德那里，主体和客观借助认识中介这一认识工具只能达到有限的统一，康德的方法论带来了一个主体和客体如何真正统一的矛盾，用黑格尔的话来说就是：“矛盾的根源在于，我们总是在使用一个中介。”[③] 其实黑格尔也使用“中介”，但二者对中介的理解不一

---

① 张君劢、丁文江等：《科学与人生观》，山东人民出版社1997年版，第426页。
② 张君劢、丁文江等：《科学与人生观》，山东人民出版社1997年版，第33页。
③［德］黑格尔：《精神现象学》，先刚译，人民出版社2013年版，第48页。

样。在康德那里，感性时空形式与知性范畴作为中介是固定的东西，就像一个制作好了的框子，将主体与客观联系在一起，因而中介是主体与客观之外的东西，无法将主体与客观之间的关系表达为一种内在联系。黑格尔则不把中介理解为主体与客体之外的东西，而是将其理解为以主体（或客体）自身为中介的东西，因而不是固定的东西，而是自我运动、自我变化的东西。因此，方法论在黑格尔那里就不再是一个过虑装置或变形装置，而是将事物的自身存在理解为自身运动、自身联系的存在，将人的认识理解为自我认识、自我深化的过程，这是一次重大的认识变革。黑格尔第一次在理论意义上将认识论、方法论和本体论统一在一起，换言之，第一次达到理论自觉上的方法论和世界观的统一。

不过，黑格尔式的统一并不是没有问题的，也并不是“绝对的”。黑格尔通过运动，即作为“显现”的运动这种活动将现象世界与本体世界统一起来，达到了一个绝对的体系，即作为绝对体系的“世界观”。这个立场对于中国人来说并不陌生，因为中国古代并没有西方自近代而来的批判传统。西方近代

◎名人介绍

黑格尔

（1770 年 8 月 27 日—1831 年 11 月 14 日）

德国哲学家，是 19 世纪德国唯心主义哲学、德国古典哲学的代表人物之一。黑格尔时代略晚于康德，他对德国的国家哲学作了最系统、最丰富和最完整的阐述。许多人认为，黑格尔的思想标志着 19 世纪德国唯心主义哲学运动的顶峰，对后世哲学流派，如存在主义和马克思的历史唯物主义都产生了深远的影响。历史学家将受到黑格尔影响的人分为两个敌对阵营，黑格尔右派和左派。黑格尔右派的代表是他在柏林洪堡大学时期的学生们，他们拥护福音正统的宗教观念，拥护后拿破仑时代的政治保守主义；黑格尔左派，有时也被称为“青年黑格尔派”，他们继承黑格尔学说中的革命成分，主张无神论，在政治领域主张自由民主，其中包括费尔巴哈和年轻时代的马克思和恩格斯。

的批判传统又是由西方古代关于寻求宇宙本质问题“逼”出来的。如前所说，关于“本质”“原理”的探求一开始就面临着如何说明运动的问题，黑格尔以“概念运动”的本源性“破解”了这一难题。与西方传统不同，中国古代始终是从运动变化角度理解“宇宙”“世界”的概念，因而并没有陷入康德批判所带来的“世界观纷争”之中，如陆九渊讲：“四方上下曰宇，往古来今曰宙。宇宙便是吾心，吾心即是宇宙。千万世之前，有圣人出焉，同此心同此理也。千万世之后，有圣人出焉，同此心同此理也。东南西北海有圣人出焉，同此心同此理也。”但是，以“心”体悟上的周遍性能力来谈论世界整体的统一性问题，与黑格尔以思维规定性上的统一性能动地讲世界观问题相比，这种讲法又将转移或说是滑转了世界观问题，即将“观”的主体上的统一性力量代替了世界整体自身的统一性性状。因此，马克思、恩格斯根据黑格尔所达到的深度，在更高的层次上解决世界观问题。这一解决，首先着眼于对黑格尔方法的批判，即“运动变化”不从概念和思维上讲，而从客观现实存在的事物自身讲起，这一方法论上的改变遂也引起了世界观上的根本性转变。恩格斯在总结这一转变时是这样说的：“一个伟大的基本思想，即认为世界不是既成事物的集合体，而是过程的集合体，其中各个似乎稳定的事物同它们在我们头脑中的思想映象即概念一样都处在生成和灭亡的不断变化中，在这种变化中，尽管有种种表面的偶然性，尽管有种种暂时的倒退，前进的发展终究会实现——这个伟大的基本思想，特别是从黑格尔以来，已经成了一般人的意识，以致它在这种一般形式中未必会遭到反对了。”①

世界是一个具有自身内在联系并在联系中不断运动变化、在运动变化中不断发展出新的联系的统一体，同时，这一运动、变化和

①《马克思恩格斯文集》第四卷，人民出版社2009年版，第298—299页。

发展状况客观地反映在人的思想之中，使思想作为人的现实活动中的一个方面构成了整个世界运动变化的重要内容。在这个作为过程集合体的现实的运动变化之外，并没有什么神秘的救世主，也没有什么超感性的抽象实体。如果说，西方的本体论传统倾向于从现象的变化之外寻求一个“绝对无条件者”来完成对整个世界的解释的话，马克思主义则拒绝使用这样的“本体论”术语，中国传统的现象与本体非二分的传统也使得早期的中国马克思主义者更愿意用“宇宙论”这一术语来表达“世界观”思想，例如，毛泽东在延安时期关于于辩证法唯物论的授课提纲中就曾把马克思主义的世界观称为马克思主义的宇宙观①。

至此，我们看到，世界观问题的历史表现及种种纷争，在马克思主义“辩证法的唯物论世界观”这里得到了合理的理解与解决。接下来我们要说明的是，世界观与方法论的价值与意义，直白地说就是，“世界观与方法论有什么用”这一问题。

二

世界观和方法论有什么用？

假设 X= 某个东西。通常，当我们问“X 有什么用”这样的问题时，我们并没有否定 X 可能的用处，它只不过意味着我们问这个问题的时候尚不知道 X 的具体用处而已。1980 年，南非上映了一部电

① 毛泽东：《辩证法唯物论提纲》，天津人民出版社 1958 年版，第 38 页。

影《上帝也疯狂》（*The Gods Must Be Crazy*），该电影受到广大好评，讲述了从飞机上被随意抛出的玻璃可乐瓶跌落入非洲一个原始族群生活区所引起的一连串“意外”事件。原始部落族人之前没有见过由文明社会技术制造出的玻璃可乐瓶，自然也不知道这东西是用来干什么的，但这不影响他们对这东西用处的探索。经过摸索，他们发现可乐瓶可以当作乐器，可以用来拉蛇皮，也可以当作擀面杖碾碎食物，一物有多种功能。于是，部族把它当作诸神赐予的礼物，但也由此引起了对这一礼物的争夺。族长为了平息争夺，决定把瓶子还给上帝，于是要徒步走到世界尽头把瓶子扔掉，在这个路途中又发生了诸多事件。我们看到，原始部落对玻璃可乐瓶的拒绝并不是因为它一无用处，反而是了解到用处太多造成的结果。人们对事物用处的了解往往是从知之不详到知之甚详的过程，如神农尝百草，也是要通过切身的认识过程来了解相应药草的功用；李时珍修订《本草》撰写《本草纲目》，也只是更准确地回答相应药草有什么用处这一问题。

与问询具体某物有什么用处这样的问题不同，当人们问“世界观与方法论有什么用”这样的问题时，通常指的不是世界观和方法论所具有的什么我们还没有把握到的用处，而是意味着从根本上质疑它有何用处，这一质疑又往往是以嘲讽的面貌出现的。泰勒斯是西方第一位哲学家，被誉为西方哲学之父，他是最早思考“世界本原是什么”的人。据说有一次他只顾观察天象，没有注意脚下，跌入了坑里。一个色雷斯的侍女嘲笑他，说他只想知道天上发生的事情，却不知道身边和地上的事情。这个桥段也成为人们质疑哲学用处的材料。哲学有什么用？又不能当饭吃。这一嘲讽又可以扩展开来，演变为文学有什么用、写诗有什么用，等等。我们不知道面对侍女的嘲笑泰勒斯是如何回应的，可以查到的“回击”来自于亚里士多德的一个记载，泰勒斯利用自己丰富的天象知识预测到来年橄榄将丰收，于是提前租赁了全部的橄榄榨油设备，等到橄榄丰收时，再把这些设备高价租出，结果挣了个盆满钵满。这个“回击”在今天看来是大打折扣的，因为侍女调侃的是哲学，泰勒斯是利用天文学也即自然科学的知识获利，只证明了自然科学是极其有用的。当下，以收入多寡为标准决定职业选择，以职业选择为定向决定高考志愿填报，这个选择路径甚至使自然科学中的某些专业也呈现为“无用”。

亚里士多德说哲学源自惊奇与闲暇，人们会说这是因为希腊奴隶职业技术上的辛劳为希腊“市民”提供了生存的优渥条件，使他们能够或吟风弄月或伤春悲秋或慷慨激昂或思入非非。以此观之，哲学（哲学是世界观与方法论的统一）既无用又有用。说其无用，是相对于为生计发愁、为吃食奔波的人而言；说其有用，是相对于不为生计发愁的人而言。这个意义上的有用，只是闲人打发时光的无聊消遣，根本上仍是无用。在消遣的意义上，不仅仅是贵族，就连穷困潦倒的小老百姓也会将谈论宇宙观、人生观作为消遣（当然使用的不是这样的字眼）。吴稚晖在他的《一个新信仰的宇宙观与人生观》一文中，开篇就拿一个靠着柴堆晒太阳的乡下老头儿说事。晒日头的老头儿，不懂得什么难为情，天上地下，漫说一气，“就是为那无责任的痛快瞎嚼蛆，不免遗着无穷笑柄的闲谈天”[①]。从闲聊消遣的角度，我们可以说，作为世界观与方法论的哲学，并不仅仅对亚里士多德有用，对土里刨食的乡下老头儿也有用，也就是说，对所有的人都有用。当然，我们可以把这个“用”看作最低限度上的用。现在，我们的策略是，从这种关于最低限度的“用”的讨论出发，来寻求一种满额意义上的“用”的解说。

尽管是在全称意义上谈论作为“消遣”的世界观与方法论，我们

① 张君劢、丁文江等：《科学与人生观》，山东人民出版社 1997 年版，第 333 页。

仍应在内部作出一个区分，即在贵族亚里士多德那里作为“闲暇”的消遣与在乡下老头儿那里作为“闲聊”的消遣。前者是以“消遣”为职业，后者则仅仅是作为“业余”爱好，二者分别象征了在世界观和方法论问题上的理论形态和日常形态。我们先来看日常形态意义上的世界观和方法论。日常形态的世界观和方法论是朴素的、非反思的、非理论的，是随时随地与日常生活中的具体事项和具体行为结合着的东西，本身是不被认识者和行动者觉察到的。孟子讲的“行之而不著焉，习矣而不察焉，终身由之而不知其道者，众也”，就是这个意思。尽管不被认识者和行动者觉察到，但并不意味着这个“道”不存在。认识所指向的对象绝不是孤立的，行动也总是与其他事项以特定的方式关联在一起，人们的认识与行动总是受制于他关于自己所处世界或所处情境的总体理解，这一关于世界的总理解就是世界观，只不过在朴素形态中这种理解是不自觉的、无意识的。

日常生活中的闲聊则使这种关于世界的总体理解稍显端倪，也就是说，在日常生活的处事中，人们往往把注意力集中在手上的事情、眼前的事情，就事论事，闲聊则使生活中不同事情之间的关联显露出来。中国人习惯称闲聊为“八卦”，按“八卦”正解，文王作八卦“以类万物之情”，即是从变化的关系系统上去把握万物的情状。市井闾里中的“八卦”也可以看作试图从各种关系中把捉所谈论的人或事。人们津津乐道于把所谈论的人放到自己编织的网中，而有意思的是，自己往往又会被别人放到同样的网中。20世纪20年代，德国哲学家海德格尔第一次以严肃的态度把“闲言”（Gerede）视为自己的分析对象，力图揭示出上述闲聊的深刻含义。海德格尔用Artikulation一词来分析“闲言”的实质。Artikulation有两个基本含义，一是指关节，二是指发音，合在一起，意指不同的发音构成了区分开来的环节，将这些区分开来的环节联系起来就构成了语言的含义，在含义联络的整体中就保存着对整个世界的领会，而这个领会先在性地塑造了在具体处事上的态度和方式；中文译者将 Artikulation 译为“分环勾连”[①]，大概是要强调被区分开的环节是以内在的关联又构成了一个有机的整体之意。

如果我们把通过感性直观直接把握到的具体事物的功用称为“实”，那么，无法直接直观把握到的“世界观”就是“虚”。它是比具体功用的“实”更为有用的“虚”，用庄子的话说就是，“人皆知有用之用，而莫知无用之用也”。庄子是通过故事来讲“有用之用”和“无用之用”的，“有用之用”即具体作用，“无用之用”是指从整体所理解到的作用，二者之间构成了整体与部分的关系。人们对整体的认知先于对部分的认知，并且对整体的认知制约了对部分认知的程度。为什么减肥这么难？有人以为少吃饭甚或不吃饭是减肥的关键，有人以为超量运动是关键，但往往劳多而功少。究其原因，减肥关乎的是身形与体重，但与其关涉的因素绝非仅仅饮食与锻炼，而涉及一个人生活的方方面面，一句话，如果不从世界观即从个人的整体生活系统上做一个一致性的改变，仅仅着力于其中的某些因素，最终这些单方面的前进也会被旧系统拖回到原处。

痛苦生智慧。减肥的失败、其他人生的挫折，会把人们从原来“平滑的”日常生活状态中抽离出来，以局外人的身份审视原来整个的生活状态，这给了我们与世界观“碰面”的机会。借着这种契机，世界观与方法论就从日常形态上升到理论形态，亦即反思形态。可以说，理论形态的世界观也绝不是另起炉灶，借从他处得到的东西对原日常生活的世界进行整治。理论形态的世界观也只是从理论自觉上详细阐明日常生活世界中所可能涉及的诸种关联以及在此关联整体中事

①［德］海德格尔：《存在与时间》，陈嘉映、王庆节译，商务印书馆2016年版，第227页。

物的变化走向。日常形态的世界观是人们在自己的生活感触中自发形成的，它的内涵的丰富性程度往往对应个人生活所直接涉及的范围，因而它对个人生活的塑造是与形成它的直接的生活条件相对应的，是有限的。如恩格斯对俄国村社中农民世界观的分析，他们的世界观只是他们与其他村社隔离下自己村社生活的反映，反过来也只是让他们按照村社的原则生活下去。列宁在著名的《怎么办》一文中也谈到自发意义上的世界观与自觉意义上的世界观的差别，认为“工人本来也不可能有社会民主主义的意识”，“工人阶级单靠自己本身的力量，只能形成工联主义的意识”[①]。工联主义（Trade Unionism）作为工人自发的、朴素的世界观，表达了在直接生产中工人之间的联系，但也仅仅将这一联系局限在直接的生产中以及与直接生产相关的利益中，他们看到了整体行动的必要，但仅仅将这一整体局限于熟练工人，在外观上带有狭隘的行会特征。后来兴起的工团主义（Syndicalism）已经具有理论自觉特征，着眼于维护整体工人阶级的利益，反对资本主义制度，但仅仅将斗争局限于经济领域，仍然没有从整体关联上把握存在的问题。社会主义意识作为马克思主义理论的世界观，力图从社会矛盾的整体关联中把握工人即人的存在问题，其问题的解决也就涉及对整个世界的改变，即科学的世界观、真正的世界观才能带来对问题的彻底解决。

马克思在对以往的哲学进行检视时说：“哲学家们只是用不同的方式解释世界，问题在于改变世界。”[②] 在马克思看来，世界观不仅仅是用来解释世界，它也是能够指导人们的实践从而改变世界。这个“改变世界”更生动地表明世界观也是方法论。世界观本身源于对世

①《列宁全集》第六卷，人民出版社 2013 年版，第 29 页。

②《马克思恩格斯文集》第一卷，人民出版社 2009 年版，第 502 页。

界本身的理论把握，世界本身又是在其内在联系与内在矛盾中不断发展变化的，这一发展变化进入理论中就成为一种自觉意义上的理论要求并必然需要在实践中实现出来，而这一实现过程本身，又构成了世界发展变化的内容，从而推动世界观继续深化发展，继而在此观照之下世界进程在自觉意义上进一步发展，如此等等。列宁也说："没有革命的理论，就不会有革命的运动。"[①] 这个革命的理论，既是无产阶级的革命理论，也是无产阶级的世界观，因为他要从整体关联上阐明无产阶级的地位及使命。毛泽东则这样评价，称赞马克思主义的产生"才在世界范围内建立了和发展了新式的革命党"，而中国共产党以马克思主义为指导，也是在世界革命的宏图中、在一个更为广泛而复杂的世界关联中进行中国革命，所以说，"自从有了中国共产党，中国革命的面目就焕然一新了"。[②] 毛泽东早在延安时期也讲过："我们的眼力不够，应该借助于望远镜和显微镜。马克思主义的方法就是政治上军事上的望远镜和显微镜。"[③] 习近平总书记在党的二十大报告中指出，"我们坚持以马克思主义为指导，是要运用其科学的世界观和方法论解决中国的问题"。[④]

至此，我们看到，"世界观和方法论有什么用"这样一个问题，是以反思的方式将世界观和方法论的作用在理论形态上明确无误地揭示出来的。如果我们只是停留在日用而不知的自然状态，世界观和方法论的作用无从提及，但并不意味其无用；如果我们固守实用的立场，眼睛只盯着眼前的东西和"小眼小孔"的利益，那么关于世界观和方法论无用的论断就是自然而然的。然而，正如马克思对人的本质的揭

①《列宁全集》第六卷，人民出版社 2013 年版，第 23 页。

②《毛泽东选集》第四卷，人民出版社 1991 年版，第 1357 页。

③《毛泽东选集》第一卷，人民出版社 1991 年版，第 212 页。

④ 习近平：《高举中国特色社会主义伟大旗帜　为全面建设社会主义现代化国家而团结奋斗——在中国共产党第二十次全国代表大会上的报告》，人民出版社 2022 年版，第 17 页。

▶ 1848 年《共产党宣言》德文第一版封面

示，在其现实性上“人的本质是一切社会关系的总和”①，人是在世界之中生存的，也就是在世界复杂的关联整体之中生存的，对这一生存状况的洞察构成了人类自觉活动的前提，也是追求美好生活的前提。可以说，世界观和方法论这样的“不可见之物”，绝不仅仅是晒日头老头儿的瞎嚼蛆、闲谈天，也不是有闲阶层的理论自娱，而是关乎人的整个生活面貌的实践力量。这一力量实践性的能动程度，则取决于世界观自身在其现实性上对生活本身复杂关联与运动规律揭示的程度。

三

世界观和方法论的代表性观点有哪些？

我们在前面曾把世界观和方法论置于两个层次上进行分析，一个是日用而不知的日常层次，一个是明觉而笃行的理论层次。在日用而

①《马克思恩格斯文集》第一卷，人民出版社 2009 年版，第 3 页。

不知的日常生活形态中，可以说，人人都有世界观，每个人都有着自己对全部生活、整个世界的理解。正如马克思所说，“人不是抽象的蛰居于世界之外的存在物”，人在世界之中存在，也就是人以其活动的特有方式与世界的其他存在物有着内在的联系，可以说，“人就是人的世界”。[①] 人的存在这一“世界性”状况也必然塑造了人的“世界性”的意识，只不过，朴素形态上的世界观，其宽度和广度往往与个体生活的实际经验限度有关，他们的生活条件与生活能力决定了他们世界观实际上的深度和广度，也就是说，他们的生活状况决定了他们的思想视野。马克思、恩格斯在《共产党宣言》中对“反动的社会主义”进行的深入批判，就可以看作对出于这种生活自然性的世界观限制性的揭示。在这里，我们是把社会主义思想当作世界观来理解的。马克思、恩格斯从一些人生活的状况以及与这一状况相应的利益需要，批判了他们社会主义世界观的“反动性”，即他们对科学社会主义世界观的反动性。被马克思、恩格斯放在第一位的是没落封建贵族的“封建的社会主义”，起因于被资产阶级革了命的封建贵族，出于对新兴资产阶级的怨憎，把“社会主义”当作对资产阶级给予诅咒的咒语。第二位是“小资产阶级的社会主义”，面对大工业资产阶级强力发展的历史巨轮与碾压式竞争，小资产阶级试图以社会主义旗帜批判资产阶级的不仁不义，实质上是妄图保住自己曾经的社会地位。第三位是德国所谓的“‘真正的’社会主义”，这是一个怪胎，是德意志意识形态家们的“杰作”。法国社会主义的兴起源于现代资产阶级统治地位的确立以及相应的大工业物质生产状况和资本主义政治制度，但当时德国的资产阶级尚处于反动封建专制王朝的发展阶段，于是法国批判资产阶级的社会主义文献在德国就畸变为专制政府吓唬德

①《马克思恩格斯文集》第一卷，人民出版社2009年版，第3页。

国新兴资产阶级的“稻草人”[①]。德意志意识形态家们的世界观只不过是19世纪早期德国悲惨状况的反映，虽然他们是以理论的方式表达出来，但“这些哲学家没有一个想到要提出关于德国哲学和德国现实之间的联系问题”。[②] 就这一点而言，我们仍可以把这种“‘真正的’社会主义”世界观称为自发的，即从他们有限的直接生活条件中（在这里表现为19世纪德国的社会发展状况）自然生发出来的。

因此，自发意义上的世界观表现为一种天真状态，即将自己有限的直接的生活条件所塑造的世界视作普遍有效的。中国古代西晋时期的晋惠帝司马衷，面对灾民的无饭可吃，给出了“何不食肉糜”的建议，这个建议以其荒诞性暴露了自发形态世界观的天真性，即其局限性。如果把中国古代更早时期流传的《击壤歌》看作耕者的直抒胸臆，“日出而作，日入而息。凿井而饮，耕田而食。帝力于我何有哉”，那么，我们也可以说，这首歌表达了小农的世界观，而“天下熙熙，皆为利来；天下攘攘，皆为利往”则可视为商人世界观的体现。

自发的、日常的世界观，由于其不自觉地根植于生活的直接性条件之中，这种世界观往往是片面的、零碎的，用规范的术语来说，就是不充分的、不系统的。以苏轼观庐山的《题西林壁》诗为喻：“横看成岭侧成峰，远近高低各不同。不识庐山真面目，只缘身在此山中。”对庐山的横看侧视、远眺近观，代表了日常形态的世界观，他们受制于自己的观察视角，只能看到庐山（世界）的一个部分或一个方面，“全面”意义上的世界观则付之阙如。但“不识庐山真面目，只缘身在此山中”的自我警醒已经体现出了一种反思的姿态，意味着

①《马克思恩格斯文集》第二卷，人民出版社2009年版，第59页。

②《马克思恩格斯文集》第一卷，人民出版社2009年版，第516页。

理论形态的世界观的出现。理论形态的世界观就是在自觉的意义上跨越日常形态世界观的“自然性”限制，从真正的整体性上来完整地阐明普遍的世界观何以可能。

从西方思想的历史进展过程来看，第一次在自觉的意义上克服自发世界观的局限性，试图从彻底的整体性、绝对的普遍性上提供一种理论形态的世界观，当推基督教的世界观。马克思也曾这样说，“基督教实际表现出自己包罗一切宗教的作用，因为它以基督教形式把纷繁至极的世界观汇总排列”[①]，基督教则成了绝对意义上的对世界的总观，“宗教是这个世界的总理论，是它的包罗万象的纲要”[②]。但是，第一次从哲学的理论形态出发，树立一个彻底包罗万象的世界观当推以黑格尔为代表的德国古典哲学，正如马克思所说，“黑格尔天才地把 17 世纪的形而上学同后来的一切形而上学以及德国唯心主义结合起来并建立了一个形而上学的包罗万象的王国”[③]，同时也造就了一个绝对的理论体系。

德国古典哲学的体系化运动始于康德，康德又是以近代法国哲学家笛卡尔的“我思故我在”为起点开始的。“我思”所面对的是包罗万象的世界生活，如何通过“我思”把“万象”统一起来，形成一个统一的世界观系统，就成为康德要攻克的任务。从灵魂、思维、精神去论述事物的统一性，这是西方思想的传统，这一传统在亚里士多德那里表现为“形式”相对于“质料”的优先性。今试以“忒修斯之船”说明之。忒修斯是古希腊英雄，其从克里特岛回返雅典所乘坐的大木船被雅典人作为纪念保存了下来，随着时间流逝，腐朽的木板会被更换，进而，在某个时刻，该船的每一块木板都被换过了，那

①《马克思恩格斯文集》第一卷，人民出版社 2009 年版，第 37 页。
②《马克思恩格斯文集》第一卷，人民出版社 2009 年版，第 3 页。
③《马克思恩格斯文集》第一卷，人民出版社 2009 年版，第 327 页。

么，所有木板都被更换过后的船还是原来的那艘忒修斯之船吗？借用亚里士多德的形式—质料说，如果说一艘船之所以为一艘船的依据在于组成它的质料，在这里就是构成这艘船的所有木板，当木板全被更换时，更换后的船显然不再是忒修斯之船；但如果一艘船之所以为一艘船的依据不在于组成它的质料，而在于构成它的形式（这一形式也决定了它的功能），那么，更换木板后的船保有了原来的形式，那它就是忒修斯之船。这两个答案之间的争执在“船”这种无生命之物上显得势均力敌，但放在有生命之物上则不成其问题。例如，人是由四肢、躯干、头、心、肝、脾、肺、肾等部分组成，在人的成长过程中，这些部分也一直在“更新”，甚至可以通过外科手术整个地更换，但人们普遍地坚信被“更换”之后的那个人还是原来的那个人，只要他的意识保持不变。亚里士多德把灵魂称作身体的形式，灵魂赋予了由不同部分组成的身体以人格统一性。经验主义者洛克也是在意识统一性的意义上论述经验材料的统一性问题，尽管我的身体的各个部分都在变，但只要 20 岁的我记得 15 岁的我，那么 15 岁的我与 20 岁的我就是同一个我。

在康德看来，洛克的论证方式是经验心理学的方式，带有经验主义立场所不可避免的偶然性，以这种方式并不能建立一个严格的普遍的统一性。于是，康德以自我意识所具有的先验统一性（与后天的经验相反）阐释了经验世界的统一性问题，也即现象世界的统一性问题。如前所述，现代意义上的“世界观”一词出自康德，但却只是指现象世界的整体，本体世界则需要另外的原则给予说明。费希特试图用绝对“自我”来统一康德的两个世界，但仍被视为一种主观性统一，谢林和黑格尔则以“绝对”突破费希特的主观性限制，达到将主观性和客观性甚至“主观的主体——客体性”与“客观的主体——客体性”的统一。这个绝对者，在黑格尔那里也被称为绝对精神。我们看到，黑格尔突破康德的秘诀，在于将“意识”“思维”或“精神”从人的视角提升为上帝的视角，亦即一种“全角”，从而能够实现一种完全的综合。但由此，黑格尔所提供的世界观也是一种神学式的世界观，只要我们想一想，基督教又经常将上帝称为“神圣精神”（Holy Spirit），则黑格尔的“绝对精神”（Absolute Spirit）也可看作“神圣精神”的非宗教式表述。

理论形态的世界观即是在人自觉意义上谋求世界的统一性问题。从历史发生上看，对该问题解决的主导路径是唯心主义式的，即从“意识”“精神”“观念”上论述世界统一性亦即完整世界观何以可能。中国古代早期不乏从气化流行的角度揭示宇宙的整体性问题，但往往不被重视，如董仲舒的政治儒学引人注目，而从元气陶化角度讲天人感应之连续一体的思想则应者寥寥。至佛学引入，其从“心”“识”讲世界统一性的讲法成为主导，如华严宗的“三界唯心”与唯识宗的“万法唯识”，这一讲法经宋明儒者的改造呼应孔子的“仁”与孟子的“本心”，形成了“理学”与“心学”界定世界统一性问题的路径。

的确，从意识和精神来讲世界的统一性问题，是比较容易被理解的方式，如王勃的“海内存知己，天涯若比邻”，陶渊明的“问君何能尔，心远地自偏”，乃至程颢讲“道通天地有形外，思入风云变态中”。心学大家王阳明更是不乏对心之灵明的礼赞，“可知充天塞地中间，只有这个灵明”“离却我的灵明，便没有天地鬼神万物了”。“心”或“意识”能够在思想中把所有的东西关联起来，正如康德“我思必须能够伴随着我的一切表象”之语，这一点仿佛显示了意识或思维所具有的统一性能力，但恩格斯清楚地指出了以意识与思维讲统一性的缺陷所在：“思维，如果它不做蠢事的话，只能把这样一些意识的要素综合为一个统一体，在这些意识的要素中或者在它们的现实原型中，这个统一体以前就已经存在了。如果我把鞋刷子综合在哺乳动物的统一体中，那它决不会因此就长出乳腺来。”[1] 思维不能凭借自身独立地决定世界统一性关联的内容，相反，世界自身即是一个具有内在关联结构的统一体。黑格尔在寻求作为统一性的世界观时把统一性的定位搞反了，用思维的统一性来指代世界自身的统一性。马克思、恩格斯对黑格尔的批判表明，世界观首先是指世界自身所具有的客观的统一性，其次是世界本身统一性在思想中的反映，才能体现为思维上的统一性。

可以说，黑格尔第一次从理论形态上，以精神辩证运动的方式，完成了对世界的统一性说明；马克思则从理论形态上第一次以唯物辩证运动的方式，完成了对世界统一性的说明。马克思对黑格尔的突破，本身又是德国现实运动的产物。在马克思看来，黑格尔的统一性恰恰是当时德国在现实上落后、在现实上无法达到统一而不得不借助思维实现统一，且出于与英国和法国竞争的需要把理论上的统一自诩为真正的统一。马克思看到了黑格尔的统一只是当时可怜的德国式的统一，因而越出了有限的德国的立场，“就必须站在德国以外的立场上来考察一下这些喧嚣吵嚷”[2]，马克思看到了德国的解放与德国之外的其他国家有着必然的关联。

叙述至此，让我们回应本节所提的问题，即世界观和方法论的代表性观点有哪些？从自发形态、日常形态上来看，人人都有世界观，每个人的世界观都是由他个人生活的直接性所塑造的，因而是千差万别的，在这个意义上很难谈及代表性观点。如果硬要讲的话，我们可以从一定范围内，类同生活方式与生活情境来讲出不同的类别，如宅男的世界观、网红的世界观、农村人的世界观、城里人的世界观，再如，同样

---

①《马克思恩格斯文集》第九卷，人民出版社2009年版，第45页。

②《马克思恩格斯文集》第一卷，人民出版社2009年版，第513页。

是怀揣梦想到大城市发展的人，“北漂”“沪漂”“西漂”之间由于城市差异而在世界观的塑造上表现出类型上的差异。当然，由于和直接的生活情境相关，日常形态的世界观的分类并不具有分类上的严格性，只有在上升到理论形态世界观层次，即每一种都声称是对整个世界的完整刻画，关于世界观的代表性观点才得以严格地被区分出。

从理论的严格性上讲，关于世界观和方法论的代表性观点主要分为两种，一种是从意识出发讲世界统一性的唯心主义的世界观，另一种是从客观物质现实出发讲世界统一性的唯物主义的世界观。由于唯心主义又可以区分为主观唯心主义和客观唯心主义，唯物主义则从发展阶段上又被区分为古代朴素唯物主义、近代机械唯物主义和现代辩证唯物主义，因而，世界观和方法论的代表性观点又可以列为以上5种。如果我们把马克思、恩格斯的辩证唯物主义视为唯物主义的完整版本，把黑格尔的先验辩证唯心主义视为唯心主义的完整版本，那么，关于世界观和方法论的代表性观点从其严格意义上来讲，就被归结为这两种。

四

世界观和方法论为什么是统一在一起的？

世界观和方法论是什么样的关系？世界观是否可以脱离方法论单独存在？或者说，存在着与方法论无关的世界观？这些说法都是不对的。世界观是人们关于世界的根本观点，方法论是运用这个根本观点去认识、评价、改造世界，这样的话，从发生序列来看，世界观在前，方法论在后，有什么样的世界观就有什么样的方法论。

认为世界观可以脱离方法论单独进行论述，这实质上否定了世界观和方法论的统一性。认为先有世界观再有方法论，这固然好像是肯定了世界观和方法论的统一性，但如这般被理解的统一性还并不构成世界观和方法论的真正的统一性。世界观和方法论真正的统一性一定包括下述 3 个方面：

（一）有什么样的世界观就有什么样的方法论。

（二）方法论就是世界观。

（三）世界观就是方法论。

我们将按照这 3 个层次逐一展开分析。

有什么样的世界观就有什么样的方法论，这一立场与人们的日常理解是一致的。一个软心肠的人在行动中总是表现出较“硬心肠”的人更多的迟疑和盘算，一个唯利是图的人总是以“对我有什么好处”为衡量标尺展开行动。在日常生活中我们也经常说：“他就是这样的一个人，你又能让他怎样！”日常形态上的这种理解表现在理论形态上，就是世界观问题上的非反思态度。所谓世界观问题上的非反思态度，就是指在理论研究中，只把目标聚焦于世界观，对拥有世界观的人、如何拥有等问题一概置而不论。从西方思想发展的阶段上来看，这一非反思的立场约相当于古代的本体论立场，即只考虑所追寻的本体本身怎么样，至于本体是如何被认识、能否被认识以及认识活动本身是否会对关于本体的认识结果有篡改性的影响，则尚未谈及。近代作为反思的阶段则改变了本体论阶段的非反思态度，把思想的发展推进到认识论阶段，即把人的认识活动本身看作人对本体进行追寻时需要优先解决的问题。

因而方法问题就成为近代优先思考的问题，例如，笛卡尔在讲他的哲学根基时首先需要明确哲学探究的方法，而康德干脆把方法论意识变成了理论上的批判姿态，并且康德是第一个明确地去考量这个问题的人：方法作为认识的中介工具是否会对认识的对象产生根本性的影响？黑格尔曾经用一个比喻来影射康德的小心翼翼，“好比只有用一张胶网来粘鸟才能确保猎物不至于受伤”[①]，“鸟”指我们认识的对象，那个作为整体的绝对者；“胶网”指认识的工具，在康德那里等同于时空直观形式和知性范畴。近代之前，人们丝毫不去顾虑自己所使用的认识工具是否会不可避免地改变所认识的对象，认识表现出一种单纯的乐观和透明，人们相信对对象的把握就是对象本身所是的样子。康德第一次把认识的工具置于一个需要先被检视的地位，但却走入了另一个极端，与古代人的直肠子式的直接确信相反，康德认为，受制于认识工具，我们认识不到事物本身而只能认识事物向我们显现的样子。认识工具就像是一个棱镜，它使得事物抵达我们的光线按照棱镜的特质发生了改变，我们只能按棱镜折射之后的状况获取事物的信息，事物本身则处于深渊之中。

在康德那里，传统对世界观和方法论的看法发生了反转，即不是世界观决定方法论，而是方法论决定世界观。但是，由于康德是从主体方面讲方法论，客体只是它作用的结果，事物本身被隔开了，滑入本体世界，因而，在康德那里，世界观只是现象世界的总体，是世界的一半。以此看来，方法论决定世界观在康德那里是破坏性的，它把完整意义上的世界观损耗为“半个”。黑格尔表达了对康德的不满，如果说康德由于反思的审慎表达了对认识工具的不信任，那么黑格尔则说：“为什么不能反过来对这种不信任表示不信任呢？”[②] 康德的不信任已经包含着一个错误，即先把认识活动和认识对象截然分开，然

---

①［德］黑格尔：《精神现象学》，先刚译，人民出版社2013年版，第48页。

②［德］黑格尔：《精神现象学》，先刚译，人民出版社2013年版，第48页。

后再探寻认识活动和认识对象如何统一。但问题是：截然二分的前提根本性地阻碍了关于二者真正统一的可能。正如康德那里的结局，统一只能是认识活动以它的方式把对象吸纳入自己的认识框架之中，由此，康德只能认识进入认识框架之内的对象，而框架之外的对象则不能认识。再寻根溯源的话，康德之所以只能达及世界的一半，原因在于他的方法论对认识中介工具的形而上学定位，即只把主观性的时空条件和知性概念看作固定的形式和框架，而不能从活动性去理解它们的运动本质。

康德的方法论可以称为形而上学的（狭义上的），即不是从运动本身上去理解作为认识工具的概念，因而对辩证矛盾畏之如虎，称之为思维的幻象。黑格尔批判了方法论上的形而上学

◆**文献采撷**

如果对于谬误的担心使得人们不信任那种未经此类踌躇就开动起来、现实地去认识的科学，那么我们很难理解，为什么不能反过来对这种不信任表示不信任呢？这种害怕谬误的想法岂非本身就已经是一个谬误？事实上，害怕谬误的想法已经假定某些东西——而且是为数不少的某些东西——为真理，并从它们出发进行各种思虑和推理，但这些东西本身应该先接受检验，看看它们究竟是不是真理。确切地说，那种想法假定以下观念是真理：认识活动是一种工具和媒介，而我们本身又不同于这种认识活动；特别是这样一个观念：绝对者位于此一方，认识活动位于彼一方，仿佛一种孤立的、脱离了绝对者的认识活动仍然是某种实实在在的东西，仿佛认识活动在脱离了绝对者（亦即脱离了真理）的情况下仍然真实地存在着。——基于这样一种假定，所谓害怕错误，其实是害怕真理。

——黑格尔《精神现象学》

性，坚持从辩证法上理解概念的本质。黑格尔将认识理解为一个过程，将概念理解为一个自我规定、自我区分并在自我区分所形成的矛盾运动中自我发展的东西，认识活动和认识对象之间既是概念自身运动中出现的内部矛盾关系，同时也是事物本身运动中出现的内部矛盾关系。矛盾运动的过程既是一个实现的过程，也是一个自身显示的过程，最后，这个经过矛盾运动完全实现、全部显示出来的东西，就是世界整体本身，亦即那个绝对者。从这个意义上说，黑格尔突破了康德在方法论上的局限，达到方法论就是世界观，世界观就是方法论的高度统一，具体来说，也是本体论、认识论、逻辑学的统一。

具体来说，黑格尔之于康德在方法上的突破，可以从对思维的理解上分析。“思维”在康德那里只被理解为一种（潜在的）“能力”，它在现实中的运用依赖于与这种能力相配套的主体认识形式，而这些形式只构成了认识过程的一个方面。黑格尔则把“思维”理解为自我实现的活动，主体和客观及其之间的矛盾关系则是这一实现活动所采取的具体形式，因此，黑格尔把康德的先验形式逻辑发展为先验辩证逻辑，即思辨逻辑——关于思维辩证运动的逻辑。因而，从方法论的角度说，黑格尔是通过思维的辩证法、概念辩证法实现了完整的世界观，达到了方法论与世界观的统一。

马克思、恩格斯在对黑格尔的世界观与方法论相统一进行批判的基础上作出了更深刻的论述。马克思、恩格斯既批判了具有经验主义狭隘性的旧唯物主义，即不能对世界的有机整体性作出说明，同时也批判了黑格尔以思维的辩证性来论述世界统一性的路径。用黑格尔的术语来说，思维的辩证性能就是思维的“否定之否定”的能力。“否定之否定”是指思维或意识总是能够把曾经被看作意识之外的存在物的独立性给否定了，如果说事物在意义之外的独立存在意味着事物对意识独立性的否定，那么，意识对事物在意识之外独立性的否定就是把事物对自身独立性的否定再给否定了，这意味着对意识自身独立性的彻底肯定，同时也意味着意识包含了全部世界。在这个意义上，意识或思维就像一个贪吃蛇，无物不吞，最后，它把所有的东西都吞下去，显示了自己就是整个世界。这个机制的关键密码就是意识与对象的辩证关系，马克思摘引黑格尔的《精神现象学》的论述给予了说明："意识的对象无非是自我意识；或者说，对象不过是对象化的自我意识、作为对象的自我意识。（设定人＝自我意识）"[①] 一句话，对象总是用于对意识的证成。"对象"只不过是意识借以表达自己的具体形态，亦即自己在世间的化身，"上帝只有一个化身，而思辨哲学则认为，有多少事物就有多少化身"[②]。黑格尔实际上赋予了思维上帝般的力量，以至于马克思把黑格尔的理论称为"思辨的创世说"[③]。这种从思维出发对思辨对象既否定又肯定的处理，在青年黑格尔派手中变成了一种单调的形式主义、一个魔法密钥，正如马克思所嘲讽的那样，通过这种"思维的绝技"，"这个世界尽管不断被铲除，但仍继续存在于一种神秘的朦胧中"[④]。

与基督教的世界观相似，黑格尔没有坚持从世界本身来说明世界。费尔巴哈坚持了从世界本身来说明世界的原则，可惜他把感性现实只是理解为感性直观的现实，而没有从现实的辩证运动中去理解现实的奥秘。正如马克思对费尔巴哈的批评，仅仅把宗教世界归结于它的世俗世界基础是远远不够的，必须用世俗世界自身的自我分裂和自我矛盾来说明宗教世界的问题乃至世俗世界自身的问题，"对于这个世俗基础本身应当在自身中、从它的矛盾中去理解"[⑤]。方法论上的不

---

①《马克思恩格斯文集》第一卷，人民出版社 2009 年版，第 206 页。

②《马克思恩格斯文集》第一卷，人民出版社 2009 年版，第 278 页。

③《马克思恩格斯文集》第一卷，人民出版社 2009 年版，第 344 页。

④《马克思恩格斯全集》第三卷，人民出版社 1960 年版，第 137 页。

⑤《马克思恩格斯文集》第一卷，人民出版社 2009 年版，第 500 页。

▶ 世界古典名画《苦行的哲学家》

足使费尔巴哈把握不到完整的世界，黑格尔把握到了完整的世界，但却是在世界之外，以神学的方式实现的。马克思抛弃了黑格尔的神学方式，利用了辩证法，不过不再是思维的辩证法，而是客观事物自身的辩证运动特性来完成对世界的整体刻画。

马克思使辩证法首先以唯物辩证法的面貌出现，然后才能谈及思维的辩证运动。正是借助于唯物辩证法，马克思才能就世界本身谈论普遍关联中的存在。德国哲学家杜林曾经污蔑马克思在《资本论》中对辩证法的运用，恩格斯引用了他的原话："缺乏自然的和可以理解的逻辑，这正是辩证法的一团混乱和各种观念杂乱交织的特色……对于已经问世的那一部分不得不应用这样一个原则：就某方面说，甚至一般地说〈！〉，按照人所共知的哲学偏见，在每一个东西中可以寻找一切，而在一切中可以寻找每一个东西；按照这个混乱而错误的观念，归根到底一切都是一个东西。”[①] 恩格斯只是遗憾，杜林甚至还达不到黑格尔《逻辑学》中的“本质论”层次，无法理解“一即一切，一切即一”这种矛盾关联中的表达。但仍需要注意的是，马克思“一即一切，一切即一”中的“一”不再是黑格尔“精神现象学”中凌驾于诸物的“一”，即作为意识自身的“一”，而是万物中任何特定一物的“一”，任何一个特定的事物都按其辩证特性与其他的事物存在着矛盾关系，如此一环一环递展开去，就表现为一个以矛盾关联结合在一起的“一切”，即世界。正是辩证法在马克思主义世界观确立上的本质性地位，恩格斯坦言“马克思的整个世界观不是教义，而是方法”[②]。

我们看到，马克思、恩格斯坚持从下往上而非从上往下的路径谈论世界观，带有很强的实践现实性特点，但同时，马克思、恩格斯又没有陷入经验主义的狭隘性、零碎性的泥潭，达到对整个世界的科学把握，又有赖于在方法论上的变革，即辩证法不再被理解为精神内部的矛盾分裂运动，从而不得不把精神置于世界的顶端；相反，辩证法被理解为诸事物自身、事物内部与事物之间的矛盾运动，从而必然将所有的具体事物置于基础性地位。在这里，除了世界观决定方法论的实践讲法之外，在理论的根源性上，可以说，唯物辩证法就是辩证唯物论，辩证唯物论也是唯物辩证法，也只有在马克思主义这里，世界观和方法论才真正达到统一。同时，在中国化马克思主义理论史上，由于中国传统思想中没有出现西方传统中两个世界的划分，中国马克思主义者能够更为熟稔地领会马克思主义世界观与方法论的统一，从世界自身、世界内部运动变化的角度理解世界观与方法论的一致性，

---

①《马克思恩格斯文集》第九卷，人民出版社 2009 年版，第 129 页。

②《马克思恩格斯文集》第十卷，人民出版社 2009 年版，第 691 页。

如毛泽东在延安时期所说，“辩证法唯物论是无产阶级的宇宙观，同时又是无产阶级认识周围世界的方法和革命行动的方法；它是宇宙观和方法论的一致体”① 。把世界观理解为宇宙观，既坚持了马克思主义从世界本身说明世界的原则，又体现了中国“一个世界”的思想传统。习近平总书记指出：“继续推进实践基础上的理论创新，首先要把握好新时代中国特色社会主义思想的世界观和方法论，坚持好、运用好贯穿其中的立场观点方法。”② 在习近平新时代中国特色社会主义思想所包含的“六个必须坚持”中，“必须坚持人民至上”被列在了首位。对这个“人的世界”来说，要把世界理解为所有人以及每一个人的世界，每一个人都通过特定的矛盾关系与所有的人连为一体，而不是把世界理解为某一个人或某些人的世界。我们看到，这一理解在原则上与马克思、恩格斯所确立的世界观和方法论是一致的。立足于实践立场的马克思主义，强调理论与实践的统一性，且把这一统一性理解为以实践为根基的统一性。同样，世界观和方法论的统一，既可以理解为统一在具有实践性的世界观之中，也可以理解为统一在本身作为实践活动得以展开的方法论之中。从人民立场上来看，世界观与方法论的统一又历史性地统一在人民群众创造历史的实践活动之中。

---

① 毛泽东：《辩证法唯物论提纲》，天津人民出版社 1958 年版，第 12 页。

② 习近平：《高举中国特色社会主义伟大旗帜　为全面建设社会主义现代化国家而团结奋斗——在中国共产党第二十次全国代表大会上的报告》，人民出版社 2022 年版，第 18—19 页。

第二章

马克思主义世界观和方法论的创立

马克思主义之所以具有强大的生命力，一个重要原因就在于其为无产阶级和人类解放的壮美事业奠定了科学的世界观和方法论，这也是马克思、恩格斯对科学事业最伟大的贡献。马克思主义的世界观和方法论是进入 19 世纪后，在资本主义快速发展带来的巨大社会变革的历史实践基础上，马克思、恩格斯积极吸收了人类优秀文明成果而创立的。马克思主义的世界观和方法论，揭示了世界（自然界、人类社会和人的认识）发展的一般规律，在长期实践检验中不断彰显出强大的科学性，并形成了与时俱进的理论品格。

一

马克思、恩格斯对世界观和方法论的关注和改造

恩格斯说过一句非常重要的话，他说："我们党有个很大的优点，就是有一个新的科学的世界观作为理论的基础。"[①] 这个新的科学的世界观就是由马克思、恩格斯创立的世界观，是马克思主义的根本理论基础。

马克思主义世界观和方法论的创立，源于马克思、恩格斯对世界观和方法论的关注和改造，这既是资本主义内在矛盾日益尖锐、工人阶级斗争不断深化以及继承发展人类优秀思想成果的现实需要，也是马克思、恩格斯的世界观发生深刻转换的必然结果。马克思、恩格斯对世界观和方法论问题的关注与改造，首先基于当时资本主义快速发展带来的深刻社会变革，这要从生产力和生产关系的革命性变化以及社会矛盾和阶级关系的巨大变化两个方面来看。

先从生产力和生产关系的革命性变化来看。

自 18 世纪 60 年代英国开始工业革命以来，从纺纱机的发明到蒸汽机的改进与应用，再到机器制造业的出现与发展，资产阶级在不到 100 年的时间里所创造的生产力比过去一切世代的总和还要多、还要大，彻底改变了工场手工业时期生产力发展相对迟缓的状况。同时，

①《马克思恩格斯文集》第二卷，人民出版社 2009 年版，第 599 页。

随着机械化在工业生产各个部门的普及与应用，资本主义的生产方式也逐步从工场手工业向机器大工业过渡，原本分散的手工劳动为大机器生产所取代，生产的社会化水平得到极大提高。生产力的极大发展和生产方式的巨大变革，一方面，为资本主义彻底取代封建主义、巩固自身统治地位奠定了物质基础，证明了任何一种社会制度都不过是历史的范畴，从根本上打破了形而上学和唯心主义的历史观；另一方面，也使得物质生产在社会发展中的支配作用日益凸显，彰显了物质与意识之间的关系，为科学地揭示社会形态的物质基础和推动社会发展的真正动力提供了可能。

生产力和生产方式的变化也带来了生产关系的剧烈变动。生产的机械化使得生产效率得到极大提高，生产各种商品所需要的必要劳动时间得以缩减，大量廉价的工业商品进入市场，挤压了原本以手工劳动为基础的个体劳动者的生存空间。各类手工业者纷纷破产，和资本原始积累时期的大量破产农民一样沦为无产阶级，以雇佣劳动为基础的工厂制度逐渐确立了自身的统治地位。并且，资本主义不断发展，无产阶级规模不断扩大，加之工业中心城市的逐渐形成，整个社会开始日渐分化为无产阶级和资产阶级这两大对立的阵营，雇佣劳动制度得到了巩固和发展，社会的生产关系发生了彻底的改变，资本主义的生产方式得以最终确立。

再从社会矛盾和阶级关系的巨大变化来看。

在机器大生产的基础上，资本主义生产方式推动社会生产力突飞猛进发展。然而，资本主义越发展，工人越成为机器的附属品，他们是劳动者，反而越贫穷，然而资本家却凭借对生产资料的私有权轻易地占有了工人劳动所创造出的剩余价值。由此，生产社会化和生产资料私人占有之间的矛盾便日益凸显。第一，在生产上表现为企业内部生产的有组织性和整个社会生产的无组织性。资本家的逐利本性必然使得其不断扩大生产以获得自身的最大利润，单个企业的扩大生产一定是有组织有计划的，但是当全社会的所有企业都是如此，社会生产最终会进入无序状态。第二，在消费上表现为生产无限扩大的趋势和劳动群众有支付能力的需求相对缩小的矛盾。为了追逐最大化的利润，资本家在不断地扩大生产的同时又尽可能地压缩工人劳动力的价值，使得尽管有许多商品被生产出来，然而需要商品的工人却没有能力购买它，无限的生产和有限的消费最终导致产能过剩，引发经济危机。从 1825 年开始，经济危机的周期性爆发，表明资本主义生产关系和生产力发展之间的剧烈矛盾，逐渐由推动生产力发展的形式变为妨碍因素。直到 2008 年的美国金融危机，资本主义经济危机的本质都没有发生变化。

随着资本主义的快速发展，无产阶级日益壮大，生活却越发困窘，无产阶级和资产阶级的矛盾日益凸显。为维护自身权利，无产阶级开展了一系列斗争活动，从砸毁机器、烧毁厂房到成立工会、通过罢工进行经济斗争，这些早期的斗争都还仅仅局限于经济方面，带有较强的自发性和分散性。19 世纪 30 年代以后，西欧各个国家的资产阶级在政治、经济上彻底确立了自身的统治地位后，毫不留情地抛弃与其共同反对过封建主义的盟友——无产阶级，无产阶级和资产阶级的矛盾便日趋尖锐，逐渐成为社会的主要矛盾。该时期，相继爆发的欧洲三大工人运动，即法国里昂工人起义、英国宪章运动、德国西里西亚纺织工人起义，矛头直指资本主义剥削制度，工人不仅要求改善经济待遇，而且要求获得政治权力，这表明无产阶级作为一个独立的政治力量登上了历史舞台。

工人运动的实践呼唤着科学的思想指引，然而当时作为资产阶级优秀文明成果代表的德国古典哲学、英国古典政治经济学和英法空想社会主义却不约而同地暴露出自身的阶级局限性和认识局限性，特别是由于这些成果缺少科学的世界观和方法论的支撑，无力科学解释，更不可能指导解决资本主义社会出现的种种问题，因此也就无法成为指导无产阶级运动的科学理论。马克思、恩格斯适应社会发展的需要，在创造性学习借鉴资产阶级优秀文明成果的基础上，逐渐形成了马克思主义的世界观和方法论。

马克思主义哲学的直接理论来源是德国古典哲学。德国古典哲学产生于18世纪末19世纪初，是德国资本主义发展特殊阶段的产物，反映了德国资产阶级在英国工业革命后对发展本国资本主义的愿望，其创始人是康德，后经费希特和谢林的发展，由黑格尔集其大成。费尔巴哈则高举反宗教神学和唯心主义的旗帜，恢复了唯物主义的权威。至此，德国古典哲学最终走向了终结，但其中蕴含的一代哲学家对时代问题的思考，尤其是黑格尔的辩证法和费尔巴哈的唯物主义，给以马克思、恩格斯为代表的新一代理论家带来了深刻的思想影响。

黑格尔一方面主张事物是普遍运动和发展的，不存在永恒不变的东西；另一方面又强调“绝对精神”或者说“绝对理念”才是世界本原，无论是自然界还是人类社会都是“绝对理念”的派生物。因而，“绝对理念”也是运动发展着的，它正是在运动之中外化为自然界，又在发展中克服了外化，回到更高阶段的自身。也就是说，在黑格尔的辩证法中，无论自然、精神还是历史，都统一于不断运动、变化和发展，从低级阶段向高级阶段前进的过程，这极大地冲击了形而上学世界观在当时的统治地位。但是，由于黑格尔所采取的唯心主义和极度思辨的形式，以及当时哲学理论界普遍要构建一个“体系”的要求，他将对绝对精神的认识作为人类历史的终点，而这种认识已经在他的哲学中体现了，于是黑格尔思想中革命的方面就被过分保守的方面所压制，反映出黑格尔在政治上的软弱性。他的思想最终没有得出革命的结论，也就无法成为无产阶级改造世界所需要的理论武器。

作为资产阶级激进民主主义者的费尔巴哈，坚定地主张世界是物质的，自然界并不依赖于人的意识而存在，并旗帜鲜明地反对宗教神学和唯心主义，直截了当地恢复了唯物主义的权威。然而他并没有将自己的唯物主义学说贯彻到社会历史领域中去，正如马克思所说的“当费尔巴哈是一个唯物主义者的时候，历史在他的视野之外；当他去探讨历史的时候，他不是一个唯物主义者”①，因而他的思想也无法直接指导无产阶级的革命实践。到费尔巴哈为止，德国古典哲学显然已经无法回应时代的挑战，走向了终结。

英国古典政治经济学是马克思主义政治经济学的理论来源。英国古典政治经济学是资产阶级的经济学说，产生于17世纪中叶，完成于19世纪初期，代表人物是威廉·配第、亚当·斯密和大卫·李嘉图。

◎名人介绍

威廉·配第

（1623年5月26日—1687年12月16日）

英国古典政治经济学之父，统计学创始人，最早的宏观经济学者。一生著作颇丰，主要有《赋税论》（全名《关于税收与捐献的论文》）、《献给英明人士》、《政治算术》、《爱尔兰政治剖析》、《货币略论》等。

亚当·斯密

（1723年6月5日—1790年7月17日）

英国经济学家、哲学家、作家，经济学的主要创立者。亚当·斯密强调自由市场、自由贸易以及劳动分工，被誉为“古典经济学之父”“现代经济学之父”。著有《道德情操论》《国富论》等书。

大卫·李嘉图

（1772年4月18日—1823年9月11日）

英国古典政治经济学的主要代表之一，也是英国古典政治经济学的完成者。李嘉图受亚当·斯密《国富论》一书的影响，激发了对经济学研究的兴趣，其研究的领域主要包括货币和价格，对税收问题也有一定的研究，继承并发展了斯密的自由主义经济理论。

①《马克思恩格斯文集》第一卷，人民出版社2009年版，第530页。

作为新兴资产阶级的经济理论，英国古典政治经济学意在抨击封建制度的落后，从而论证资本主义的先进性和合理性。由于资产阶级在进行反对封建制度的斗争时，尚且是一个进步的阶级，因而英国古典政治经济学学派也曾对资本主义社会的经济现象做了较为客观严密的分析，发挥了一定的积极作用。首先，它初步形成了比较严密的劳动价值学说。劳动价值论思想是威廉·配第首次提出的。他认为，在创造财富的过程中，虽然会受到自然条件的制约，但是劳动才是更为重要的能动因素。亚当·斯密进一步发展了劳动价值论，认为商品的价值是由生产商品所耗费的劳动决定的，商品交换的实质是凝结在商品中的劳动量的交换。然而亚当·斯密并没有将劳动价值论贯穿始终，劳动时间决定商品价值和工资决定商品价值的观点时常混淆，充满了矛盾。大卫·李嘉图则在亚当·斯密的研究基础上，克服其混乱与矛盾，正确阐明了使用价值和交换价值的关系。其次，他对剩余价值理论进行了初步探讨，并在地租、利润、利息等具体形式上探讨了剩余价值问题。亚当·斯密认识到，所谓利润就是雇佣工人劳动生产物的扣除部分，所谓地租也是工人剩余劳动的产物。大卫·李嘉图则通过探讨工资、利润和地租之间存在的关系，说明了工人阶级、资产阶级和地主阶级之间对立的经济根源。最后，他还分析了资本主义生产关系的内在联系，认为资本主义经济社会发展是受客观的经济规律支配的。然而，英国古典政治经济学学派依旧没有摆脱其阶级局限性，他们在历史观上是唯心主义的，在方法论上是形而上学的，他们把资本主义的生产方式当成是永恒的生产方式，把资本主义的经济规律当成永恒的经济规律，从而使英国古典政治经济学沦为资本主义剥削制度的辩护工具，也就不是科学的、进步的思想，不能为实践提供更多的指导。

英法空想社会主义则是科学社会主义学说的来源。19 世纪上半叶，面对资本主义快速发展中出现的巨大社会矛盾，无产阶级和资产阶级之间的阶级矛盾日益尖锐，许多理论家都试图解释进而解决社会的诸多矛盾，英国和法国的空想社会主义学说就是其中的代表。其代表人物主要有圣西门、傅立叶和欧文。

这 3 位伟大的空想社会主义者并没有将资本主义制度作为永恒的社会制度，他们的思想在某种程度上已经隐隐包含了历史辩证法和历史唯物主义的思想因素。这主要体现在两个方面。一方面体现在三大空想社会主义者对于资本主义制度的抨击。圣西门认为资本主义社会是“是非颠倒的世界”，资本主义制度是奴役人的制度。傅立叶对资本主义制度的批判则更加猛烈，他将资本主义制度称为“复活的奴隶制”，将资本主义社会比作“社会地狱”，指出要改变这样的现状，就必须彻底消灭这个地狱。欧文则将矛头直指私有制，指出私有制才是一直以来给人们带来灾祸的根源，主张废除私有制。另一方面体现在三大空想社会主义者对于未来理想社会的设想。圣西门提出以“实业制度”代替资本主义，运用科学、艺术和工艺的知识满足人们的需要。傅立叶构想了一种使社会全体成员的情欲得到充分满足的“和谐制度”。欧文则更为激进，他设想了一个名为“新和谐公社”的社会制度，还在英国和美国进行了实验，其实质是以公有制为基础的共产主义劳动公社的联合体。

三大空想社会主义者的学说主要反映了尚未成熟的无产阶级对于资本主义社会现状的不满和对未来理想社会的向往。虽然他们的思想也曾在工人阶级中产生了很大影响，也看到了资本主义社会的黑暗和资本主义制度的弊端，还尝试着向改变现实迈出一步，但是由于他们在历史观上的唯心主义，还是没能找到推动社会进步、历史发展的真正动因，没能找到实现理想社会构想的现实途径，更没能看到无产阶级所具备的改变世界的强大力量。因而，尽管这 3 位空想社会主义者的学说在一定程度上启发了无产阶级，但是也不可能成为指导工人运动的科学理论。

马克思、恩格斯对世界观和方法论问题的关注与改造，离不开他们亲身经历的社会实践，正是在亲身经历了一系列社会实践之后，马克思和恩格斯动摇了原本在资产阶级理论下形成的世界观，分别从不同的道路完成了对自身世界观的改造，实现了从唯心主义到唯物主义、从革命民主主义到共产主义的伟大转变，把伟大人生、伟大人格和伟大事业有机统一起来。

卡尔·马克思

1818 年 5 月 5 日，卡尔·马克思出生于德国莱茵省特里尔市的一个犹太人家庭，受父亲影响，他从小便浸润在法国启蒙思想家所主张的理性主义原则之中，接受了良好的家庭教育，在中学时期就树立了要为全人类谋幸福的崇高志向。1835 年，马克思进入波恩大学学习，一年后，又转入柏林大学继续攻读法学。在柏林大学学习期间，马克思在思想上逐渐向青年黑格尔派靠近。但是从 1841 年马克思完成的题为《德谟克利特的自然哲学和伊壁鸠鲁的自然哲学的差别》的博士学位论文来看，他与一般的青年黑格尔派又有着明显的不同。在这篇文章中，马克思研究了德谟克利特和伊壁鸠鲁自然哲学的差异。德谟克利特认为原子有两种运动形式，分别是直线下垂运动和原子的冲击，而伊壁鸠鲁认为原子除此之外还有偏离直线的偏斜运动。在马克思看来，伊壁鸠鲁的自然哲学并非像黑格尔所认为的那样没有超出德谟克利特的范畴，相反，正是他的原子偏斜运动学说“改变了原子王国的整个内部结构”[①]。因为直线下垂运动是对原子的物质存在规定性的条件，而原子偏斜运动就是指原子在垂直下落的过程中偶然偏离直线的运动，并且这种偏斜并不只是某一个原子的运动，而是所有原子的普遍运动，因而它实质上反映了一种反抗必然命运的自由意志。也正是由于原子的偏斜运动引起了原子的碰撞、排斥和冲击，世界才得以形成，如此一来，原子的概念就与现实世界联系起来。马克思对伊壁鸠鲁原子偏斜运动学说的分析，体现了他追求真理的勇气，反映了他当时就具有的革命民主主义和彻底的无神论倾向。

马克思大学毕业后就进入了《莱茵报》工作，大约半年以后，他便担任了莱茵报的主编。在《莱茵报》工作期间（1842 年 1 月—1843 年 3 月），马克思实现了从唯心主义向唯物主义、从革命民主主义向共产主义的转变。这一时期，马克思深入现实生活研究社会问题和经济问题，为维护人民利益猛烈批判普鲁士专制制度，逐渐动摇了原本的哲学信仰，并引发了他对新的世界观的思考。

马克思先是积极参与关于“出版自由”的辩论、关于“林木盗窃法”的辩论和摩泽尔地区农民贫困状况的调查研究。后来，由于对普鲁士当局的失望，马克思决定退出《莱茵报》，开始思考自己在工作期间遇到的这一系列对所谓物质利益发表意见的难事，明明在哲学上应该是“普遍理性”战胜私人利益，为何现实生活往往与之相反。为解决自己的疑惑，马克思开始了对黑格尔国家哲学和法哲学的批判性分析，其初步成果就是《黑格尔法哲学批判》。在这篇著作中，马克思针对黑格尔的《法哲学原理》进行了全面的分析和批判。黑格尔认为国家是从家庭和市民社会发展而来的，而家庭和市民社会并不是

---

①《马克思恩格斯全集》第一卷，人民出版社 1995 年版，第 38 页。

国家的基础，只是绝对精神运动到国家阶段的中介。对此，马克思指出："观念变成了主体，而家庭和市民社会对国家的现实的关系被理解为观念的内在想像活动。家庭和市民社会都是国家的前提，它们才是真正活动着的；而在思辨的思维中这一切却是颠倒的。"[①] 由此，马克思得出了与他的实践相一致的结论，强调不是国家决定市民社会和法，而是市民社会决定国家。这表明马克思的思想已经从之前的青年黑格尔派迈出了一大步，为之后完成从唯心主义向唯物主义，从革命民主主义向共产主义的转变做了准备。

离开《莱茵报》后，马克思除了思考黑格尔的法哲学问题，还着手创立了《德法年鉴》，并在上面发表了《论犹太人问题》和《〈黑格尔法哲学批判〉导言》两篇文章。在《论犹太人问题》中，马克思通过批判鲍威尔将犹太人问题看为纯粹神学问题的错误观点，指出真正产生社会压迫的根源并不在于宗教，而在现实的社会关系之中，要实现人的解放不在于摆脱宗教，而在于消灭现实的束缚人的社会关系。同时，马克思还论证了政治解放和人的解放的关系问题。所谓政治解放其实就是资产阶级革命，它的确在一定程度上反映了时代的进步，但这种进步只是相对于过去的社会而言，其实不过是用一种剥削制度代替另一种剥削制度，现实的束缚人的社会关系仍旧存在。要实现人的真正解放就必须进行社会主义革命，废除私有制，使全人类得到解放。在《〈黑格尔法哲学批判〉导言》中，马克思揭示了宗教的社会根源，指出宗教这种颠倒的世界观是产生于现实的，必须进一步把宗教批判发展为政治批判，因为"真理的彼岸世界消逝以后，历史的任务就是确立此岸世界的真理"[②]，而能承担这一历史重任的只能是

①《马克思恩格斯全集》第三卷，人民出版社 2002 年版，第 10 页。
②《马克思恩格斯全集》第三卷，人民出版社 2002 年版，第 200 页。

无产阶级。无产阶级不仅与其他被压迫阶级的利益是一致的，而且它是受压迫最深重的、彻底被铁链束缚的阶级，无产阶级如果不同时解放其他一切被剥削阶级也就无法解放自己。马克思还指出，无产阶级进行阶级解放斗争时需要将革命的理论和革命的实践结合起来，因为“批判的武器当然不能代替武器的批判，物质力量只能用物质力量来摧毁；但是理论一经掌握群众，也会变成物质力量”[①]。

从《论犹太人问题》和《〈黑格尔法哲学批判〉导言》这两篇文章来看，马克思不仅看到了宗教产生的社会根源和改变现实世界的根本途径，也看到了无产阶级的历史使命，这标志着马克思已经完成了从唯心主义向唯物主义、从革命民主主义向共产主义的转变，实现了对自己的世界观的改造。

▶ 弗里德里希 · 恩格斯

恩格斯也经历过自己的世界观改造道路。1820 年 11 月 28 日，弗里德里希 · 恩格斯出生于德国莱茵省巴门市，他的父亲是信仰基督教的一个纺织厂厂主，母亲则出生于一个知识分子家庭，因此恩格斯从小既受到宗教虔诚主义的影响，也受到浓厚文化氛围的熏陶。中学还未毕业，按照父亲的要求，恩格斯不得不辍学经商。在不来梅经商期间，他依旧保持着对文学、历史、艺术的兴趣，并被一个名为“青年德意志”的文学团体所吸引。在加入“青年德意志”后，恩格斯受团队成员反对封建专制和宗教神

①《马克思恩格斯文集》第一卷，人民出版社 2009 年版，第 11 页。

学等主张的影响，思想也发生了一定的转变，开始了他摆脱宗教虔诚主义的进程。1835 年，施特劳斯发表的《耶稣传》帮助恩格斯彻底清算了自身的哲学信仰，使他进一步转向无神论，开始逐步向青年黑格尔派靠近。1839 年 3 月，恩格斯匿名发表了《伍珀河谷来信》，根据青少年时期他在家乡的所见所闻揭露了社会的阴暗面，指出工厂制度不仅摧残了工人的身体，而且作为其精神支柱的宗教虔诚主义还控制了工人的精神。这篇文章标志着恩格斯与宗教信仰的进一步决裂，思想开始独立发展。

1841 年 9 月至 1842 年 10 月，恩格斯在柏林服兵役，在此期间他常常到柏林大学旁听，直接受黑格尔思想的熏陶，成为青年黑格尔派的一员，接连发表了《谢林论黑格尔》《谢林和启示》等文章，批判了谢林哲学的神秘主义、非理性主义和反动实质，有力回应了谢林的攻击，捍卫了黑格尔辩证法。总之，恩格斯在这一时期已经参与到反对封建专制制度的斗争之中，在政治上已然是一个激进的革命民主主义者。恩格斯兵役结束后来到英国曼彻斯特，在他父亲的工厂里工作。英国当时已经完成了工业革命，是经济最为发达的国家，而曼彻斯特又是工业中心城市，代表了最先进的生产力发展水平。恩格斯在曼彻斯特深入研究了英国资本主义的发展状况后，看到了物质利益在社会生活中的重要作用，并通过调查英国工人阶级的生活状况，看到了工人阶级的悲惨境遇和为维护自身利益所进行的一系列斗争，认识到无产阶级不仅是一个受苦的阶级，也是一个有远大前途的阶级，这使得恩格斯开始关注西欧各国的社会主义学说。

1844 年年初，恩格斯在《德法年鉴》上发表的《国民经济学批判大纲》和《英国状况——评托马斯·卡莱尔的〈过去和现在〉》，标志着他完成了从唯心主义向唯物主义、从革命民主主义向共产主义的转变。《国民经济学批判大纲》被马克思称为“批判经济学范畴的天才大纲”[①]，它表明恩格斯已经看到经济因素在社会发展中的重要作用。恩格斯在文中考察了英国古典政治经济学产生和发展的过程，他认为资产阶级政治经济学的任务和目的，就是要掩盖对劳动人民的掠夺。他还站在无产阶级立场上批判了资本主义私有制，通过分析资本主义社会垄断、竞争、周期性的经济危机以及社会的分裂和阶级的对立等问题，指出私有制才是造成这一切的根本原因，要改变当前的社会现状，需要一次彻底的社会革命，革命的目标是要实现人与自然的和解和人与社会的和解。恩格斯在文中也强调了人在改造自然界中的能动作用，将人的活动理解为肉体活动和精神活动的统一，从而突破了旧唯物主义的局限性。在《英国状况——评托马斯·卡莱尔的〈过去和现在〉》一文中，恩格斯首先批判了卡莱尔的宗教观，强调不仅要废除宗教，也要反对建立一切新宗教，把宗教夺取人的内容归还给人，重新回到人本身，按照自己本性的需要来安排世界。恩格斯还批判了卡莱尔的英雄史观，强调无产阶级的历史地位和作用，指出只有劳动群众才是未来能够拯救英国的力量。这表明，经过在英国的调查研究，恩格斯已经得出了和马克思基本一致的结论，开始形成新的世界观。

二

马克思主义世界观的创立

习近平总书记指出：“马克思给我们留下的最有价值、最具影响

①《马克思恩格斯文集》第二卷，人民出版社2009年版，第592页。

●致敬经典

《1844年经济学哲学手稿》

《1844年经济学哲学手稿》是德国思想家马克思未完成的经济学哲学著作。手稿在马克思生前没有发表，直到1932年才首次全部发表。该书是马克思进行政治经济学和哲学研究的最初成果，包括相互关联的三个手稿。第一手稿是关于工资、资本的利润、地租的研究和分析；第二手稿是对私有财产及其运动的分析；第三手稿是对私有财产、分工、货币的进一步研究，并由此引发了马克思的共产主义观念、历史唯物主义观念以及对黑格尔哲学的系统清理。

《神圣家族》

《神圣家族》是马克思和恩格斯第一次合写的批判青年黑格尔派主观唯心主义和论述历史唯物主义的著作。1845年2月在法兰克福出版单行本，中译文收入《马克思恩格斯全集》第二卷，是马克思和恩格斯在奠定无产阶级世界观的理论基础即辩证唯物主义和历史唯物主义过程中的一个重要里程碑。

《关于费尔巴哈的提纲》

《关于费尔巴哈的提纲》是马克思于1845年春创作的，最早发表于1888年。该文批判了费尔巴哈旧唯物主义忽视人的主观能动性和唯心主义片面夸大主观能动性的错误，阐明了马克思以实践为基础的新唯物主义哲学与旧哲学的区别；批判了旧唯物主义的唯心史观，论述历史唯物主义的几个基本问题；从阶级基础、哲学功能和使命等角度阐述了新、旧哲学的区别。

致敬经典

《德意志意识形态》

《德意志意识形态》是马克思和恩格斯创作的哲学著作，首次出版于 1932 年。在该书中，马克思、恩格斯对费尔巴哈、鲍威尔和施蒂纳为代表的各式各样唯心史观思想进行了深刻的分析和批判，并在此基础上阐述了唯物史观的基本内容，标志着唯物史观的创立。该书系统阐述了历史唯物主义的基本原理，如社会存在决定社会意识、生产方式在社会生活中起决定作用、生产关系必须适合生产力的发展等，标志着马克思主义哲学的成熟。

力的精神财富，就是以他名字命名的科学理论——马克思主义。这一理论犹如壮丽的日出，照亮了人类探索历史规律和寻求自身解放的道路。”[①] 马克思和恩格斯在完成了“两个转变”后，就开始了对新世界观的探索，不断深化理论上的研究，这一时期的理论成果主要体现在《1844 年经济学哲学手稿》《神圣家族》《关于费尔巴哈的提纲》《德意志意识形态》等著作之中。

《1844 年经济学哲学手稿》在马克思创立科学世界观的初步探索中具有重要作用。在《黑格尔法哲学批判》中，马克思通过对黑格尔法哲学的分析得出了市民社会决定国家的结论，加之受到恩格斯《国民经济学批判大纲》的影响，他认识到要真正深入分析市民社会不应该再局限于哲学领域，而应该从政治经济学角度展开，《1844 年经济

① 习近平：《在纪念马克思诞辰 200 周年大会上的讲话》，《人民日报》2018 年 5 月 5 日。

学哲学手稿》正是马克思在这一时期研究的主要成果。

《1844年经济学哲学手稿》最为主要的成就是提出并阐发了异化劳动的概念。黑格尔第一次把异化这一概念引入哲学，自此异化有了特定的哲学内涵，指的是主体活动的结果成了主体的异己力量，并反过来危害和支配主体。但黑格尔的异化观是唯心主义的，他把绝对观念当作异化主体。费尔巴哈在他的唯物主义哲学中将异化概念运用于考察人的本质，在他看来异化的主体本来应该是感性人的存在，而宗教使人的本质异化为上帝，受上帝的支配，因此只有消灭宗教，才能让异化的人回归到人本身，才能使人成为真正的人。费尔巴哈虽然用人来代替绝对观念，使异化论从唯心主义过渡到唯物主义，但他却把异化主体局限在宗教和哲学的贫困里，仍未找到历史的真正主体。马克思考察了经济学说史后指出，异化指的是主体在自身的劳动过程中，由于自身的活动而产生出自己的对立面，然后这个对立面又作为一种外在的、异己的力量反对主体自身。它主要有4个具体的表现。第一，劳动产品与劳动者相异化。劳动产品是由工人的劳动所产生的结果，所生产出的产品本应属于劳动者。但在资本主义社会，工人生产的产品并不属于自己，而是属于占有生产资料的资本家，工人越劳动越被他的劳动产品所统治。第二，劳动本身与劳动者相异化。劳动是人的自由自觉的活动，人正是在劳动中得以发展自己的，但在私有制条件之下，工人的劳动不再是自由自觉的活动，而是强加给自身的外在的活动。第三，人和人的类本质相异化。人的类本质就是人所区别于动物的类的本质，是一切人所共同具有的本质，也就是劳动。但是在资本主义社会，一方面，劳动者与自己生产的劳动产品相异化，使人的类本质不能得以确证；另一方面，劳动者也与劳动本身相异化，人们自由自觉的活动变成外在的、强制性的活动。正是劳动产品和劳动本身与劳动者的异化使得人与人的类本质异化，人的类本质变成维持个人生活的手段。第四，人与人相异化。这是劳动者同自己的劳动产品、劳动本身以及与人的类本质相异化所导致的必然结果。因为人同人的类本质相异化，既是人与自身的异化，也是人与他人的异化，这导致了人与自身、与他人的对立，在资本主义社会之中，就表现为无产阶级和资产阶级之间的对立，只有消灭私有制、消灭异化劳动，才能改变这一情况。

在《1844 年经济学哲学手稿》中，马克思还深刻分析了资本主义经济社会，认识到资本主义社会中的种种对立矛盾实质上都根源于劳动的异化，因而创造性地提出了异化劳动的理论。马克思通过研究资本主义社会劳动异化，分析人与物的对立和人与人的对立，看到了阶级之间的对立，从而将异化劳动理论和消灭私有制的社会革命联系起来。这在唯物史观形成的过程中有着独特的意义。第一，马克思把人的本质归结为劳动，是人的劳动创造了人类历史，因此朝着从劳动发展史中寻找理解全部社会发展史的方向迈出了一步。第二，由于劳动是人的类本质，因此人的活动和动物的活动得以区别开来，人能够能动地改造自然，也能在劳动的过程中建立一定的社会关系，体现了人在劳动中的主观能动性和社会性，这表明马克思已经在一定程度上克服了费尔巴哈哲学的直观性，为他创立科学的实践观和正确揭示人的本质奠定了基础。第三，手稿中的异化劳动理论将人的本质理解为自由自觉的活动，也就是劳动，这实质上反映了生产实践在社会发展中的基础性作用，为马克思之后形成科学的实践观奠定了基础。同时，马克思在《1844 年经济学哲学手稿》中进一步发展了社会主义思想。马克思在异化劳动理论的基础上，揭示了资本主义社会中无产阶级和资产阶级的对立。人类历史是建立在人类劳动的历史基础之上的，而私有制的产生正是由于劳动的异化，要消灭私有制就必须消灭异化劳动，这说明私有制是历史的产物，它随着历史的发展而出现，也必将会随着历史的发展而消亡。只有扬弃异化劳动，消灭私有制，才能真正实现人的解放，从而论证了共产主义的历史必然性。

整体说来，《1844 年经济学哲学手稿》在马克思思想的发展过程中有着重要意义，但是也应注意到，这一手稿只是马克思创立科学世界观的初步探索，仍旧带有黑格尔哲学和费尔巴哈哲学的痕迹。

《神圣家族》奠定了马克思主义世界观的重要基础。1844 年，恩格斯结束了他在英国的工作返回德国，在回国途中，他来到巴黎与马克思进行了历史性会面。通过交谈，他们发现彼此在各个领域的意见基本都一致，自此，两位伟大的思想家便开始了为实现全人类的幸福而并肩战斗。《神圣家族》便是马克思和恩格斯共同完成的一部著作。在这部著作中，马克思和恩格斯对青年黑格尔派进行了清算，揭示了思辨唯心主义的实质，并批判了青年黑格尔派分子在历史观上的唯心主义。在批判的过程中，马克思、恩格斯阐述了他们的许多重要观点，从而为马克思主义世界观的创立奠定了一定基础。

首先，揭露了思辨哲学的秘密，并以唯物辩证的观点解决了思维和存在的关系问题。青年黑格尔派将自我意识看作最高原则，马克思和恩格斯揭示了这一观点的主观唯心主义实质，指出这实际上只不过是庸俗化了的黑格尔哲学。同时，马克思揭示了思辨唯心主义的秘密就在于把概念独立化、实体化，即把本来是从个别事物中抽象出来的一般当作独立存在的本质，并把它看作客观事物的创造者，而客观具体事物只是它的简单存在形式。马克思和恩格斯以果实的例子对其进行了说明。从现实的苹果、梨、草莓、扁桃等中抽象出“果实”这个一般概念，然而与一般的认识过程不同的是，思辨哲学家进一步将“果实”这个概念看作独立存在的本质，也就是苹果、梨、草莓等水果的真正本质，即将“果实”这个概念看作现实水果的实体，最后宣布苹果、梨等是果实这个实体的简单存在形式。马克思通过分析思辨哲学的秘密，揭露了它将一般和个别的关系颠倒的认识论根源，同时也揭露了它在实践上的危害性，思辨哲学家们通过将具体的现实抽象为观念的实体，并将自我意识变为世界的本质，使得人的一切活动和实践都变成了一个思维的过程，从而把一切外部的感性的斗争都变成了纯粹观念的斗争。

其次，批判了青年黑格尔派的唯心史观，阐释了唯物史观的一些基本观点。一是针对青年黑格尔派将历史归结为自我意识的历史，认为自我意识是历史发展的唯一动力的唯心主义观点，马克思和恩格斯认为这种观点实际上是“把历史同自然科学和工业分开，认为历史的诞生地不是地上的粗糙的物质生产，而是在天上的迷蒙的云尖雾聚之处”①，指出并不是观念决定历史，而是物质生产决定历史，要真正认识某一时期的历史就必须认识这个历史时期的物质生产方式。二是针对青年黑格尔派认为群众在历史发展过程中是精神空虚的、物质消极的因素，只有像自己一样的“批判家”才是精神积极因素的唯心主义历史观。马克思、恩格斯指出“批判的批判什么都没有创造，工人才创造一切，甚至就以他们的精神创造来说，也会使得整个批判感到羞愧”②，从而说明了人民群众才是历史的创造者，指出“历史活动是群众的活动，随着历史活动的深入，必将是群众队伍的扩大”③。同时，由于青年黑格尔派不仅忽视群众的作用，更忽视工人的作用，马克思和恩格斯针对这一观点，强调了工人无产阶级所处的历史地位和历史使命。

最后，《神圣家族》对青年黑格尔派思想的清算，也反映了马克思和恩格斯的思想在创立新世界观和方法论的过程中得到进一步深

①《马克思恩格斯文集》第一卷，人民出版社 2009 年版，第 350—351 页。
②《马克思恩格斯全集》第二卷，人民出版社 1957 年版，第 22 页。
③《马克思恩格斯文集》第一卷，人民出版社 2009 年版，第 287 页。

化。例如，马克思和恩格斯在书中探讨了历史发源地和历史的本质等问题，同时也提出了接近于历史唯物主义中的“生产关系”的概念，进一步认识到人在物质生产过程中必然会发生一定的社会关系，朝着唯物史观的创立迈进了一大步。

《关于费尔巴哈的提纲》标志着马克思主义科学实践观的确立。马克思于1845年春完成了《关于费尔巴哈的提纲》，确立了科学的实践观，而实践的观点正是唯物史观基本的和首要的观点，因而这本书也被恩格斯称为包含着“新世界观的天才萌芽的第一个文献”[①]。

第一，批判了费尔巴哈哲学和一切旧唯物主义的局限性。在《关于费尔巴哈的提纲》中，马克思首先指出：“从前的一切唯物主义（包括费尔巴哈的唯物主义）的主要缺点是：对对象、现实、感性，只是从客体的或者直观的形式去理解，而不是把它们当做感性的人的活动，当做实践去理解，不是从主体方面去理解。因此，结果竟是这样，和唯物主义相反，唯心主义却把能动的方面抽象地发展了。”[②]这说明旧唯物主义只是从直观的机械的角度去理解人的感性活动，唯心主义虽然看到了人的能动性，但是由于他们的唯心主义只将实践理解为精神活动，并没有认识到实践的直接现实性。只有马克思主义哲学既看到了人的能动性，又承认客观世界的物质性。因此，马克思立足于实践的观点和从前一切旧哲学划清了界限。

第二，明确提出了实践是检验认识的真理性标准。马克思提出“人应该在实践中证明自己思维的真理性”[③]，这是因为人的实践活动是主观和客观相联系的桥梁，只有在实践中获得了证明的认识才是真理。

第三，从实践的角度揭示了人的本质。费尔巴哈认为人的本质

①《马克思恩格斯文集》第一卷，人民出版社2009年版，第3页。
②《马克思恩格斯文集》第一卷，人民出版社2009年版，第499页。
③《马克思恩格斯文集》第一卷，人民出版社2009年版，第500页。

在于人的共同性，也就是人的类本质，因而他所理解的人并不是现实存在的社会的人。马克思则强调要从人的实践出发来揭示人的本质，认为人的本质在于在实践中结成的各种关系，他指出：“人的本质不是单个人所固有的抽象物，在其现实性上，它是一切社会关系的总和。”[①]

第四，总结了马克思主义哲学和旧唯物主义哲学的根本区别。一方面，马克思指出“旧唯物主义的立脚点是市民社会，新唯物主义的立脚点是人类社会或社会化的人类”[②]，指明了马克思主义哲学的阶级立场和人民立场；另一方面，马克思总结道：“哲学家们只是用不同的方式解释世界，问题在于改变世界。”[③] 这在根本上划清了马克思主义哲学和旧唯物主义哲学的区别。

《关于费尔巴哈的提纲》为新世界观的形成奠定了理论基础。1845 年至 1846 年，马克思、恩格斯共同完成了《德意志意识形态》。这部著作进一步阐发了《关于费尔巴哈的提纲》中的思想，彻底清算了青年黑格尔派，批判了费尔巴哈哲学和德国的“‘真正的’社会主义”，在此基础上系统阐发了唯物史观的基本原则，标志着马克思主义科学世界观和方法论的正式创立。

《德意志意识形态》彻底划清了唯物史观和唯心史观的原则界限。马克思和恩格斯立足科学的实践观，将现实的人作为历史唯物主义的前提，探讨了历史发展的因素以及物质和意识的关系，提出“不是意识决定生活，而是生活决定意识”[④]，从而彻底划清了唯物史观和唯心史观的原则界限。一是批判了费尔巴哈在历史观上的唯心主义，认

①《马克思恩格斯文集》第一卷，人民出版社 2009 年版，第 501 页。
②《马克思恩格斯文集》第一卷，人民出版社 2009 年版，第 502 页。
③《马克思恩格斯文集》第一卷，人民出版社 2009 年版，第 502 页。
④《马克思恩格斯文集》第一卷，人民出版社 2009 年版，第 525 页。

为历史唯物主义的前提是“现实的个人，是他们的活动和他们的物质生活条件，包括他们已有的和由他们自己的活动创造出来的物质生活条件”[①]，也就是说马克思和恩格斯所讲的现实的人是基于人的实践活动和一定的物质条件的，这就区别于费尔巴哈在考察历史时所认为的抽象的人。二是基于现实的人的存在，马克思和恩格斯提出了历史发展的4个要素：第一个要素是物质资料的生产，马克思和恩格斯认为“人为了能够‘创造历史’，必须能够生活。但是为了生活，首先就需要吃喝住穿以及其他一些东西”[②]，人类历史活动的第一个前提就是要生产物质生活本身；第二个要素是满足新的需要的再生产；第三个要素是人口生产，即人口的增殖；第四个要素是社会关系的生产。三是在这4个要素的基础之上探讨了物质和意识的关系问题，认为意识产生于人们的物质生产活动，并且随着人们物质生产活动的发展而发展，进而提出了“不是意识决定生活，而是生活决定意识”的重要论断。

《德意志意识形态》揭示了生产力与交往形式（生产关系）的辩证关系及其矛盾运动。马克思、恩格斯在考察历史发展的过程中，注意到生产力发展所引起的交往形式（生产关系）的变化，指出人类的物质资料生产表现为双重关系：一方面，生产是改造自然的活动，体现了人与自然的关系，表现为一定的生产力；另一方面，人不能单独地、孤立地进行生产，必须联合起来，在生产中结成一定的交往关系，即生产关系。同时，马克思进一步揭示了生产力与交往形式（生产关系）之间的辩证关系：一方面，生产力决定交往形式（生产关系），在生产力发展的不同阶段，人类历史上出现了不同的所有制形

---

①《马克思恩格斯文集》第一卷，人民出版社2009年版，第519页。

②《马克思恩格斯文集》第一卷，人民出版社2009年版，第531页。

式；另一方面，交往形式（生产关系）对生产力又具有反作用，当交往形式（生产关系）适应生产力发展水平时，它会促进生产力的发展，当交往形式（生产关系）不适应生产力的发展水平时，它反而会成为生产力发展的阻碍因素。生产关系一定要适应生产力发展水平的规律并贯穿人类历史发展始终，是人类社会最基本的规律。也就是说，在生产力发展的一定阶段上所产生的交往形式、生产关系“起初是自主活动的条件，后来却变成了自主活动的桎梏，这些条件在整个历史发展过程中构成各种交往形式的相互联系的序列，各种交往形式的联系就在于：已经成为桎梏的旧交往形式被适应于比较发达的生产力，因而也适应于进步的个人自主活动方式的新交往形式所代替”①。

《德意志意识形态》进一步揭示了市民社会（经济基础）与上层建筑的辩证关系及其矛盾运动。关于“市民社会”这个概念，马克思、恩格斯将其定义为“受到迄今为止一切历史阶段的生产力制约同时又反过来制约生产力的交往形式”②，这表明“市民社会”实际上就是经济基础，在此基础上，进一步说明了经济基础与上层建筑的辩证关系：一方面，经济基础决定上层建筑，市民社会作为一个“直接从生产和交往中发展起来的社会组织，这种社会组织在一切时代都构成国家的基础以及任何其他的观念的上层建筑的基础”③；另一方面，上层建筑对于经济基础有能动的反作用，一是政治的上层建筑，马克思和恩格斯指出在资本主义社会，国家和法只是资产阶级维护自身利益和私有财产的工具；二是观念的上层建筑，他们明确指出，在阶级社会，每个时代占统治地位的思想，都是统治阶级的思想。

①《马克思恩格斯文集》第一卷，人民出版社2009年版，第575—576页。
②《马克思恩格斯文集》第一卷，人民出版社2009年版，第540页。
③《马克思恩格斯文集》第一卷，人民出版社2009年版，第583页。

《德意志意识形态》还进一步总结了关于社会形态更替的学说。在生产力和生产关系、经济基础和上层建筑的辩证关系和矛盾运动的基础上，马克思、恩格斯进一步总结了关于社会形态更替的学说，指出经济基础和上层建筑的统一构成了社会形态，因此，生产力的发展带来生产关系的变化，而生产关系的变化又会引起经济基础和上层建筑的变化，最终导致社会形态的更替，从而揭示了社会形态更替的实质就是基于生产力发展的生产关系，特别是生产资料所有制的更替。基于此，马克思、恩格斯将社会历史划分为依次更替的 5 种形态：部落所有制、古典古代的公社所有制和国家所有制、封建的或等级的所有制、资本主义所有制和共产主义所有制。

总之，《德意志意识形态》系统阐释了历史唯物主义的基本观点，使得马克思主义和一切旧哲学划清了界限，在马克思主义哲学史上具有里程碑式的意义。然而由于种种原因，《德意志意识形态》在当时没能出版，但基本观点包含在了后来发表的《哲学的贫困》和《共产党宣言》中了。

总结起来说，马克思主义世界观从世界的物质统一性出发，科学阐述了物质世界的矛盾发展规律以及人的认识发展阶段、发展形式和认识与实践的关系等重大问题，并把辩证唯物主义世界观运用到历史领域，从社会存在决定社会意识出发阐述了人类社会在生产力和生产关系矛盾的推动下形成的社会发展基本规律，创立了历史唯物主义学说。这是人类社会第一次对自己所赖以存在和发展的物质世界和对自己所创造的社会的科学产生认识并奠定了不断丰富和深化这一科学认识的思想理论基础。在马克思之前，人们在理解自己上走过相当长的弯路。唯心主义的历史观长期支配着人们对历史的理解。在唯心史观者眼里，上帝、神仙、王侯将相、才子佳人占据着历史舞台的中心，人民群众的作用是被边缘化的。而马克思的历史学说，在人类历史上第一次把人民放在了中心位置。马克思主义世界观科学揭示了世界和人类社会发展的基本规律以及人在历史发展中的作用，并实现了世界观和方法论的统一，从而架构起认识世界的新理论和新方法。

1848 年 2 月，马克思、恩格斯共同完成的《共产党宣言》问世。这是人类思想史上的一件大事。这一著作正如习近平总书记所说的那样："以透彻而鲜明的语言描述了新的世界观，即唯物史观，为人们提供了认识自然、认识人类社会的科学思想武器。"[①]

三

马克思主义世界观和方法论的丰富和发展

马克思主义哲学创立以后，马克思、恩格斯在加强政治经济学研究以及在与错误思想进行斗争的过程中进一步丰富和发展了这一科学的世界观和方法论。

为了更好地揭示资本主义社会的本质及其产生、发展和灭亡的基本规律，验证历史唯物主义的科学性，马克思从 19 世纪 40 年代开始便着手对政治经济学领域进行研究并取得了显著成果。其中，《〈政治经济学批判〉序言》和《资本论》集中体现了马克思在政治经济学领域对马克思主义哲学的丰富与发展。

《〈政治经济学批判〉序言》是马克思 1859 年 1 月为他的《政治

① 习近平：《学习马克思主义基本理论是共产党人的必修课》，《求是》2019 年第 22 期。

致敬经典

《〈政治经济学批判〉序言》

《〈政治经济学批判〉序言》是马克思为他在1858年11月至1859年1月写成的《政治经济学批判》第一分册所写的序言。在这篇序言里，马克思回顾了政治经济学理论研究的经历和过程，全面阐述了《政治经济学批判》一书写作的历史背景，系统地总结了历史唯物主义基本观点，形成了对历史唯物主义理论的重大理论贡献。

《资本论》

《资本论》是马克思创作的政治经济学著作，1867年至1894年分为三卷出版。《资本论》以剩余价值为中心，对资本主义进行了彻底的批判。第一卷研究了资本的生产过程，分析了剩余价值的生产问题。第二卷在资本生产过程的基础上研究了资本的流通过程，分析了剩余价值的实现问题。第三卷讲述了资本主义生产的总过程，分别研究了资本和剩余价值的具体形式。马克思在《资本论》中以唯物史观的基本思想作为指导，通过深刻分析资本主义生产方式，揭示了资本主义社会发展的规律，并使唯物史观得到科学的验证和进一步的丰富发展。《资本论》涵盖了经济、政治、哲学等多个领域，是全世界无产阶级运动的思想指导。

经济学批判》第一分册所写的序言。在这篇序言里，马克思简单介绍了《政治经济学批判》的写作计划，并叙述了他研究政治经济学的经过，同时这篇序言还对历史唯物主义的基本原理作出了经典表述，概括了历史唯物主义的基本内容，从而使这篇序言在马克思主义发展史上有了独特意义。

第一，揭示了生产力与生产关系、经济基础与上层建筑之间的辩证关系。马克思指出："人们在自己生活的社会生产中发生一定的、必然的、不以他们的意志为转移的关系，即同他们的物质生产力的一定发展阶段相适合的生产关系。这些生产关系的总和构成社会的经济结构，即有法律的和政治的上层建筑竖立其上并有一定的社会意识形式与之相适应的现实基础。"① 强调生产力决定生产关系，生产关系要适应生产力发展水平，而经济基础则是由生产力决定的生产关系的总和，决定了政治的和观念的上层建筑。

第二，揭示了物质生产在社会生活中的决定性作用。马克思指出："物质生活的生产方式制约着整个社会生活、政治生活和精神生活的过程。不是人们的意识决定人们的存在，相反，是人们的社会存在决定人们的意识。"② 这就将《德意志意识形态》中提出的"不是意识决定生活，而是生活决定意识"的原理进一步发展为"不是人们的意识决定人们的存在，相反，是人们的社会存在决定人们的意识"③，进而解决了社会存在和社会意识之间的关系问题。

第三，论述了人类社会发展的根本动力。马克思指出："社会的物质生产力发展到一定阶段，便同它们一直在其中运动的现存生产关系或财产关系（这只是生产关系的法律用语）发生矛盾。于是这些关系便由生产力的发展形式变成生产力的桎梏。那时社会革命的时代就到来了。随着经济基础的变更，全部庞大的上层建筑也或慢或快地发生变革。"④ 说明生产力和生产关系、经济基础和上层建筑之间的矛盾运动，构成了人类社会存在和发展的根本动力。

---

①《马克思恩格斯文集》第二卷，人民出版社 2009 年版，第 591 页。
②《马克思恩格斯文集》第二卷，人民出版社 2009 年版，第 591 页。
③《马克思恩格斯文集》第二卷，人民出版社 2009 年版，第 591 页。
④《马克思恩格斯文集》第二卷，人民出版社 2009 年版，第 591—592 页。

第四，提出了“两个绝不会”的经典论断。马克思指出：“无论哪一个社会形态，在它所能容纳的全部生产力发挥出来以前，是决不会灭亡的；而新的更高的生产关系，在它的物质存在条件在旧社会的胎胞里成熟以前，是决不会出现的。所以人类始终只提出自己能够解决的任务，因为只要仔细考察就可以发现，任务本身，只有在解决它的物质条件已经存在或者至少是在生成过程中的时候，才会产生。”[①]他强调社会形态的变革是不以人的意志为转移的客观过程，只有当生产力发展到一定阶段，新的生产关系产生的条件已经具备的情况下才会发生。这是对《共产党宣言》中“两个必然”的补充和完善，坚持了社会形态更替的必然性，又进一步强调了实现社会形态更替所需要的物质条件。

第五，分析了社会形态的演进规律并揭示了资本主义的命运。马克思在社会基本矛盾运动原理的基础上指出，“大体说来，亚细亚的、古希腊罗马的、封建的和现代资本主义的生产方式可以看做是经济的社会形态演进的几个时代”[②]，这就阐明了人类社会演进的依次更替，揭示了人类社会发展的客观规律。同时，他还指出：“资产阶级的生产关系是社会生产过程的最后一个对抗形式，这里所说的对抗，不是指个人的对抗，而是指从个人的社会生活条件中生长出来的对抗；但是，在资产阶级社会的胎胞里发展的生产力，同时又创造着解决这种对抗的物质条件。”[③]也就是说，资本主义的必然灭亡是符合历史发展规律的，它植根于资本主义生产方式的基本矛盾，同时资本主义内部也蕴含着社会主义的因素，高度发达的生产力为社会主义奠定了物质基础，同时也孕育了资本主义制度的掘墓人，即无产阶级。

①《马克思恩格斯文集》第二卷，人民出版社2009年版，第592页。
②《马克思恩格斯文集》第二卷，人民出版社2009年版，第592页。
③《马克思恩格斯文集》第二卷，人民出版社2009年版，第592页。

1867 年 9 月 14 日，马克思的《资本论》第一卷在德国出版，这不仅是马克思钻研政治经济学几十年的主要成果，同时也是马克思主义哲学史上具有伟大意义的一部恢宏巨著。

▶ 德国柏林马克思—恩格斯广场

《资本论》首要的哲学意义就在于，马克思将唯物史观作为指导思想贯穿他对资本主义社会的研究之中，并揭示了资本主义社会的经济运动规律及必然灭亡的历史命运，使得唯物史观的科学性得到了充分的验证与发展。

第一，在分析生产力与生产关系相互作用的基础上，进一步阐述了经济基础和上层建筑的辩证关系。马克思认为劳动是人类社会存在和发展的前提，因此他首先考察了一般的劳动过程，分析了物质生产对于社会发展的决定性作用，在对劳动过程诸要素的分析中，马克思指出，生产力就是劳动过程中要素的有机结合，劳动过程诸要素在生产过程中的结合方式就表现为生产资料的所有制，生产关系就是人们在生产过程中以生产资料所有制为基础所形成的社会关系，从而揭示了生产力与生产关系之间的辩证统一。在此基础上，马克思进一步论证了经济基础和上层建筑的关系问题。一方面，论证了经济基础对上层建筑的决定性作用。他指出，社会意识形态是由生产关系所决定的，不同的生产关系会产生不同的社会意识，进而结合资本主义社会的思想、宗教、道德等对其进行了说明。以宗教为例，在资本主义生产关系出现以前，由于生产力水平的低下，在生产过程中的狭隘的关系就反映在宗教上。而在资本主义社会里，“一般的社会生产关系是这样的：生产者把他们的产品当做商品，从而当做价值来对待，而且通过这种物的形式，把他们的私人劳动当做等同的人类劳动来互相发生关系。对于这种社会来说，崇拜抽象人的基督教，特别是资产阶级发展阶段的基督教，如新教、自然神教等等，是最适当的宗教形式”[①]。这反映出，正是由于资本主义生产方式的特殊性才使得资本主义发展阶段的宗教成了与之最相适应的宗教形式。另一方面，阐述了资本主义的上层建筑对经济基础的反作用。他指出，资产阶级的政治统治对资本主义的巩固与发展发挥了重要作用。在资本原始积累阶段，正是由于资本主义国家通过政权强制剥夺劳动者的生产资料，使大批的手工业者和农民沦为雇佣劳动者，才使得资本主义在那个阶段得到了快速发展，英国“圈地运动”就是典型事例；在资本主义生产方式确立以后，资本主义政治、法律为资本主义生产关系的巩固和发展发挥了重要作用。例如，法律上工资最低额的规定，其实质就是以法的形式把工资限制在有利于赚钱的范围内，这都体现了资本主义的上层建筑对经济基础的反作用。

①《马克思恩格斯文集》第五卷，人民出版社2009年版，第97页。

第二，在分析资本主义生产关系形成与发展过程的基础上，进一步论证了社会存在决定社会意识的原理。马克思指出，资本主义社会的经济结构是从封建社会的经济结构中产生的，即在封建社会内部就孕育着资本主义产生的基本条件。他认为，在封建社会末期，商品经济的发展促进了封建社会自然经济的解体，引起了商品生产者的两极分化，而资本原始积累又加速了生产者和生产资料相互分离的过程，一方面，使得资本急速积累；另一方面，也导致大批的农民和手工业者沦为无产者，成为雇佣工人，从而形成了生产资料、生活资料的所有者和自由劳动者的对立，最终，资本主义生产关系得以形成。在此基础上，马克思进一步指出，商品拜物教产生的根源在于“商品形式在人们面前把人们本身劳动的社会性质反映成劳动产品本身的物的性质，反映成这些物的天然的社会属性，从而把生产者同总劳动的社会关系反映成存在于生产者之外的物与物之间的社会关系。由于这种转换，劳动产品成了商品，成了可感觉而又超感觉的物或社会的物”[①]。商品拜物教的实质就是将人在商品生产过程中的社会关系表现为物与物之间的关系，是对商品生产过程中的社会关系的歪曲反映。而且，即使是这样歪曲的反映，也是根源于资本主义的社会生产之中，这再次证明了社会存在决定社会意识的原则。

第三，在阐述阶级斗争和社会革命理论的基础上，进一步揭示了资本主义必然灭亡、社会主义必然胜利的必然趋势。马克思指出，资本的本性是最大限度地追求剩余价值，资本家们会不断通过扩大再生产以增加财富，这种扩大再生产在个别企业中是有组织有计划的，但是由于整个社会都不断地扩大生产规模，就会导致个别企业生产的有组织性和整个社会生产的无政府状态之间产生矛盾。同时，资本家之

①《马克思恩格斯文集》第五卷，人民出版社2009年版，第89页。

间的竞争，使得越来越多的资本集中在少数资本家手中，而沦为雇佣劳动力的工人们却日益贫困，这不仅使无产阶级和资产阶级之间的阶级矛盾日益加剧，也使生产无限扩大的趋势与劳动者有支付能力的需求相对缩小的矛盾日益尖锐，最终导致经济危机。经济危机的周期性爆发表明资本主义生产关系已经不再适应生产力的发展水平。正如马克思所说："资本的垄断成了与这种垄断一起并在这种垄断之下繁盛起来的生产方式的桎梏。生产资料的集中和劳动的社会化，达到了同它们的资本主义外壳不能相容的地步。这个外壳就要炸毁了。资本主义私有制的丧钟就要响了。剥夺者就要被剥夺了。"[①] 无产阶级和资产阶级的对立深深植根于资本主义社会生产之中。因此，无产阶级要真正摆脱被奴役、被压迫的命运，取得自身的解放，就必须要推翻资本主义制度，消灭私有制，进行无产阶级革命。

《资本论》还运用唯物辩证法，科学而深刻地揭示了资本主义社会的本质及其规律。

第一，从抽象上升到具体的方法。马克思在《资本论》中通过对大量经验材料的研究和概括，形成各种科学概念和范畴，并根据它们的发展所表现出来的连贯性，将它们逻辑地联系起来，达到思维的再现，这就是从抽象到具体的方法。马克思指出，人们在思维中把握客观对象，要经历两条前后相继又方向相反的道路，"在第一条道路上，完整的表象蒸发为抽象的规定"[②]，即对感性的具体加以分析和抽象，从而得到越来越简单的规定；"在第二条道路上，抽象的规定在思维行程中导致具体的再现"[③]，即从最简单的抽象规定出发，通过综合达到对抽象思维的再现。马克思认为，后一种方法显然是科学的正确

---

①《马克思恩格斯文集》第五卷，人民出版社 2009 年版，第 874 页。

②《马克思恩格斯文集》第八卷，人民出版社 2009 年版，第 25 页。

③《马克思恩格斯文集》第八卷，人民出版社 2009 年版，第 25 页。

的方法。但这并不意味着第一条道路是完全错误的方法。因为“第一条道路”恰恰是“第二条道路”的前提，也就是说从抽象上升到具体的方法是建立在从感性具体到抽象的基础之上的。由于商品是资本主义社会的普遍存在，因而被称为资本主义经济的细胞，它包含着资本主义一切矛盾的萌芽，同时，由于资本主义也是从商品交换中发展起来的，所以马克思在《资本论》中就以商品作为自己的逻辑起点，从商品这个简单抽象的规定开始对资本主义社会进行考察。从商品到货币，从货币到资本，再从资本到剩余价值……在经济范畴的排列上就体现了从抽象到具体的方法。此外，从《资本论》第一卷对资本主义生产过程所作的独立考察，到《资本论》第二卷对资本流通过程的考察，再到《资本论》第三卷对资本生产和流通过程的综合考察，全书的整体结构上也体现了从抽象到具体的方法。

第二，逻辑与历史一致的方法。所谓逻辑与历史一致的方法，指的就是从抽象上升到具体的思维逻辑的进程与历史进程相一致的方法。关于这个原则，恩格斯指出，“历史从哪里开始，思想进程也应当从哪里开始，而思想进程的进一步发展不过是历史过程在抽象的、理论上前后一贯的形式上的反映；这种反映是经过修正的，然而是按照现实的历史过程本身的规律修正的”[①]。马克思在《资本论》中对这一原则的贯彻，首先便体现在他对经济范畴的排列上。在该书第一卷中，他以“商品与货币——资本与剩余价值——资本积累”的一般趋势发展来排列经济范畴，而这一顺序与资本主义发展的历史规律是一致的。当然，马克思同时也强调，逻辑与历史的一致是本质上的一致，不是完全的一致，因而在贯彻这一方法时要抛开历史的偶然性，抓住本质的必然的东西。

①《马克思恩格斯文集》第二卷，人民出版社2009年版，第603页。

第三，矛盾分析法。《资本论》始终贯穿着对立统一规律。商品作为资本主义经济社会的细胞包含着这个社会的一切矛盾的萌芽，因此马克思从商品出发，揭示了商品的二重性，进而揭示了劳动的二重性，又从货币的产生揭示了商品和货币的对立，从货币向资本的转化揭示了资本主义社会特有的矛盾，即资本与雇佣工人的矛盾，又从资本内部的矛盾揭示出资本主义社会的基本矛盾，即生产社会化和生产资料私人占有的矛盾。这样，马克思从资本主义社会的各种矛盾说明了资本主义为社会主义所取代的必然性。

第四，质量互变、否定之否定规律。马克思指出，商品从简单的价值形态到扩大的价值形态、货币向资本的转化，以及资本主义生产方式随生产力的发展从简单协作、工场手工业到社会化的大机器生产，都体现了量变到质变的过程。此外，《资本论》还体现了否定之否定规律。资本主义孕育于封建社会之中，当封建主义的生产关系不再能够适应生产力的发展水平，反而成为生产力发展的桎梏，资本主义便代替了封建主义，这是第一次否定；但是由于资本主义社会内部所固有的生产社会化和生产资料私人占有之间的矛盾，使得资本主义内部的矛盾日益激化，当资本主义的生产关系也无法满足生产力发展的要求时，其必将会被社会主义所取代。

可见，《资本论》虽然是政治经济学领域的著作，但是马克思在写作过程中贯穿了历史唯物主义的基本原则和唯物辩证的科学方法，从而丰富和发展了马克思主义世界观和方法论。

在马克思专注于政治经济学研究的同时，恩格斯在与各种错误思潮的论战中，捍卫和发展了马克思主义世界观和方法论。

19世纪70年代，德国社会民主党和拉萨尔派的合并，虽然推动了德国工人运动的蓬勃发展，但也导致大量小资产阶级分子混入无产阶级的队伍，造成了党在思想上和组织上的混乱，使得各种反映小资产阶级立场观点的思想应运而生。杜林就是其中公开反对马克思主义的小资产阶级思想家代表，杜林主义实质上是以折中主义哲学和庸俗经济学为基础的小资产阶级的空想社会主义的理论体系。由于当时马克思正在进行《资本论》的写作，恩格斯就担负起了批判杜林的重任，写下了著名的《反杜林论》，从哲学、政治经济学和科学社会主义3个方面对杜林进行了全面的批判。

> **致敬经典**
>
> **《反杜林论》**
>
> 《反杜林论》(全名《欧根·杜林先生在科学中实行的变革》)是恩格斯创作的马克思主义著作，首次出版于1878年。该书是恩格斯为批判杜林在哲学、经济学和社会主义领域宣扬的错误观点并系统阐述马克思主义基本理论而写。在该书中，恩格斯通过对杜林宣扬的错误观点的批判，对马克思主义的三个组成部分——哲学、政治经济学和科学社会主义作了全面系统的阐述，揭示了这三个组成部分之间的内在联系，阐明了辩证唯物主义和历史唯物主义是科学的世界观和方法论。该书以大众化的笔触清楚明白地表达了马克思主义的基本原理，第一次详细而透彻地从各个方面阐明了马克思主义的特点，使马克思主义的世界观和方法论深入人心，为马克思主义理论在世界范围内的广泛传播作出了重要贡献。该书总结了马克思主义诞生后无产阶级革命的经验和自然科学发展的成就，被誉为“马克思主义的百科全书”。

《反杜林论》中，恩格斯从哲学与科学的关系角度总结了“现代唯物主义”即马克思主义哲学与旧哲学的不同之处，旧哲学将自己作为科学之科学，而马克思主义哲学是唯物辩证的自然观、唯物辩证的历史观和唯物辩证的思维观的有机统一，它并不是凌驾于其他科学之上的哲学，而是世界观。恩格斯还从研究对象的角度区分了马克思主义哲学和旧哲学。马克思主义哲学的研究对象是自然、社会和思维运动发展的一般规律，这既不同于将精神和思维作为研究对象的唯心主义，也不同于孤立看待自然、社会和思维的旧唯物主义，是唯物辩证的自然观、历史观及思维观的有机统一。《反杜林论》阐述了唯物史观的基本观点，主要有以下几点。

第一，阐述了唯物史观的出发点。恩格斯指出："唯物主义历史观从下述原理出发：生产以及随生产而来的产品交换是一切社会制度的基础；在每个历史地出现的社会中，产品分配以及和它相伴随的社会之划分为阶级或等级，是由生产什么、怎样生产以及怎样交换产品来决定的。所以，一切社会变迁和政治变革的终极原因，不应当到人们的头脑中，到人们对永恒的真理和正义的日益增进的认识中去寻找，而应当到生产方式和交换方式的变更中去寻找；不应当到有关时代的哲学中去寻找，而应当到有关时代的经济中去寻找。"①

第二，阐述了生产力与生产关系、经济基础与上层建筑的辩证关系原理。恩格斯从资本主义产生、发展和灭亡的角度说明了生产力决定生产关系，生产关系要适应生产力发展的原理是社会历史发展的基本规律。恩格斯论述了经济基础与上层建筑的辩证关系。一方面，批判了杜林暴力论的唯心主义立场，说明了经济对政治的决定性作用。另一方面，强调了上层建筑对经济基础的反作用，指出暴力、国家对于经济发展的能动作用一般分为两种情况：一是在符合经济发展规律的情况与方向时，会起着加速经济发展的作用；二是在违背经济发展规律的方向时，对经济的发展起着阻碍和延缓的作用。

第三，阐述了马克思主义的自然观、运动观和时空观。杜林认

①《马克思恩格斯文集》第九卷，人民出版社 2009 年版，第 283—284 页。

为“世界统一于存在”但是又不对“存在”做一个明确的定义，恩格斯揭露了杜林在这个问题上的唯心主义和先验主义的实质，指出“世界的真正的统一性在于它的物质性，而这种物质性不是由魔术师的三两句话所证明的，而是由哲学和自然科学的长期的和持续的发展所证明的”[①]。针对杜林将物质同运动割裂开来的错误观点，恩格斯强调运动是物质固有的属性，二者不可分割。针对杜林将运动和静止割裂开来，把静止、平衡绝对化的错误观点，恩格斯进一步阐明了运动与静止的辩证关系，指出运动是绝对的，静止是相对的，静止是运动的尺度。针对杜林关于时间、空间有限的观点，恩格斯指出时间、空间都是物质世界本身所固有的属性，是物质存在的基本形式，从而论证了时间、空间的客观实在性。而且，恩格斯还阐明了时间、空间在发展过程中的无限性和有限性的辩证关系，强调“时间上的永恒性、空间上的无限性，本来就是，而且按照简单的词义也是：没有一个方向是有终点的，不论是向前或向后，向上或向下，向左或向右”[②]，从而批判了杜林关于时间、空间有限的观点。

第四，阐述了马克思主义关于人的思维、平等、道德的基本观点。针对杜林的形而上学思维观，恩格斯阐明了思维的至上性和非至上性的辩证关系，指出人类思维也存在内在的矛盾，即人类只要能够长久地延续下去，那么人的认识能力就是无限的，人的思维具有至上性，但人类的思维又只能表现和实现于个体的人的思维之中，而个体的人的认识能力是有限的，因而人的思维又具有非至上性。针对杜林将真理和谬误绝对对立起来的形而上学观点，恩格斯阐明了真理与谬误的辩证关系，指出真理和谬误只是在非常有限的领域内才有绝对的

①《马克思恩格斯文集》第九卷，人民出版社 2009 年版，第 47 页。
②《马克思恩格斯文集》第九卷，人民出版社 2009 年版，第 53 页。

意义，在真理的适用范围之内，它与谬误的对立是绝对的。如果超出真理的适用范围，真理和谬误在一定条件下就会相互转化。针对杜林将自由与必然绝对对立起来的形而上学观点，恩格斯阐明了自由与必然的辩证关系，指出“自由不在于幻想中摆脱自然规律而独立，而在于认识这些规律，从而能够有计划地使自然规律为一定的目的服务”[①]。当人们没有认识规律，也不能利用规律的时候，就处在必然王国之中，但是当人们能够正确认识并利用这些规律来为自己的目的服务以后，人们才摆脱了必然王国，进入自由王国。针对杜林所鼓吹的超历史、超阶级的永恒道德，恩格斯指出了道德的阶级性和历史性，说明道德作为一种社会意识，归根结底是由社会经济基础决定的。

第五，阐释了唯物辩证法的基本规律。对于杜林否认矛盾的客观存在的形而上学观点，恩格斯列举了自然界、社会和思维方面的客观事实，论证了矛盾规律的普遍性。针对杜林对质量互变规律的歪曲与攻击，恩格斯用大量的事实论证了质量互变规律的客观性和普遍性，指出质变和量变是事物运动变化发展的两种基本形式，是在自然界、人类社会和思维中都同样适用的客观规律。此外，恩格斯还论证了辩证的否定观，指出辩证的否定是事物内部矛盾运动的必然结果，其实质就是“扬弃”，是克服和保留的统一。

马克思去世后，恩格斯不仅整理出版了《资本论》第二卷、第三卷，也撰写了一些新的重要著作，进一步丰富发展了马克思主义世界观和方法论。《路德维希·费尔巴哈和德国古典哲学的终结》是其中的一部具有代表性的重要著作，系统总结了马克思主义哲学的发展，阐明了历史唯物主义的一些基本观点，在马克思主义哲学史上具有独

①《马克思恩格斯文集》第九卷，人民出版社 2009 年版，第 120 页。

特的重要意义。

在这部著作中，恩格斯分析了德国古典哲学所处的历史背景及其阶级本质，揭示了它所具有的进步性、革命性与软弱性、妥协性的矛盾。通过对黑格尔哲学中的经典命题——“凡是现实的都是合乎理性的，凡是合乎理性的都是现实的”深入分析，揭示了其中所暗含的革命性因素，即黑格尔认为一切都是变化的，一切现实的东西都会最终成为不合理的。因此，凡是现存的，都是一定会灭亡的。但是，由于黑格尔的阶级局限性，革命的方面被过分保守的方面所压制。因此，黑格尔哲学日益解体，大批青年黑格尔派转向了英法唯物主义，其中，费尔巴哈最具代表性。他尖锐地批判了唯心主义，直截了当地恢复了唯物主义的权威，揭开了宗教的神秘外衣。但是，费尔巴哈哲学依旧存在着一定的不足：一方面，费尔巴哈的唯物主义只是一个半截子的、不彻底的唯物主义，他在社会历史领域仍是唯心主义者；另一方面，费尔巴哈简单否定、全面抛弃了黑格尔哲学，并没有吸收黑格尔哲学中的合理部分，没有通过辩证法将自己的唯物主义向前推进。只有马克思和恩格斯批判地继承了费尔巴哈的唯物主义传统和黑格尔哲学的辩证法，走上了彻底的唯物主义道路，创立了一个新的唯物主义学派。

恩格斯对哲学基本问题作了经典式的表述：“全部哲学，特别是近代哲学的重大的基本问题，是思维和存在的关系问题。”[①] 这个问题是解决其他一切哲学问题的前提和基础，是任何哲学家都不能回避的基本问题，对这个问题的不同回答可以将哲学家们划分为唯心主义和唯物主义两大阵营。这一问题包括两个方面。第一个方面是思维和存在谁是第一性的问题。对于这个问题的不同回答，可以将哲学家们分

①《马克思恩格斯文集》第四卷，人民出版社 2009 年版，第 277 页。

为：认为意识是第一性的，物质是第二性的，思维先于存在并决定存在的唯心主义者；认为物质是第一性的，意识是第二性的，存在先于思维并决定思维的唯物主义者。第二个方面是思维和存在是否有同一性的问题，即思维能否正确认识存在的问题。绝大多数哲学家都承认世界是可以被认识的，希望自己的哲学可以作为人们改造世界的有力武器，当然也有一小部分哲学家否认了思维和存在的同一性。恩格斯这一论断的提出具有深远的意义，一方面，他清楚地划分了哲学的不同阵营；另一方面，他也为坚持和发展唯物主义、反对唯心主义提供了锐利的思想武器。

恩格斯在这部著作中还有力地阐述了历史唯物主义的一系列基本原理。第一，社会历史的发展是有客观规律的。恩格斯指出，人的活动虽然是有目的、有愿望的，是可以影响社会历史发展的，但社会历史本身的发展并不是按照人们的意愿和愿望来进行的，而是根据自己本身发展的客观规律来进行的，人们的目的和愿望如果符合社会发展规律，那就能实现，如果违反社会发展规律，那就不能实现。第二，人民群众是历史的主体。恩格斯指出，“构成历史的真正的最后动力的动力，那么问题涉及的，与其说是个别人物，即使是非常杰出的人物的动机，不如说是使广大群众、使整个整个的民族、并且在每一民族中间又使整个整个阶级行动起来的动机”。[①] 同时，历史唯物主义也并不否认杰出人物在历史上的作用，也主张研究领袖即所谓伟大人物头脑中的动因。第三，阶级斗争是阶级社会的发展动力。阶级斗争和它们的利益冲突，是现代历史的动力。但是阶级斗争本身又是被经济因素以及生产方式所决定的，因此归根结底还是生产方式决定社会发展。第四，经济基础和上层建筑的辩证统一。经济基础决定国家法

①《马克思恩格斯文集》第四卷，人民出版社2009年版，第304页。

律等政治上层建筑，也决定宗教哲学等意识形态上层建筑，上层建筑一经形成就有了相对独立性，能够反作用于经济基础。

总之，《路德维希·费尔巴哈和德国古典哲学的终结》系统总结了马克思主义的发展经验，明确提出了哲学基本问题，对历史唯物主义的基本原理作了进一步阐释，提出了许多至今脍炙人口的科学观点，进一步丰富和发展了人们对马克思主义世界观和方法论的认识。

四

为什么说只有马克思主义世界观和方法论才是科学的

在庆祝中国共产党成立100周年大会上，习近平总书记指出："中国共产党为什么能，中国特色社会主义为什么好，归根到底是因为马克思主义行！"[①] 马克思主义为什么行，其根本就在于它给我们提供了认识世界和改造世界的科学世界观和方法论。那么，马克思主义世界观和方法论的科学性又是从何而来呢？

其吸收了人类优秀文明成果。任何思想都不是凭空产生的，马克思主义哲学之所以是科学的世界观，就在于它吸收和继承了人类认识史上特别是资产阶级时代的优秀文明成果。其中，德国古典哲学是马克思主义哲学的直接理论来源，尤其是黑格尔的辩证法和费尔巴哈的唯物主义。黑格尔是德国古典哲学的集大成者，在整个哲学史上，他

①《习近平著作选读》第二卷，人民出版社2023年版，第483页。

第一个全面地、有意识地叙述了辩证法发展的一般运动形式，并把整个自然的、历史的和精神的世界描写为一个能动的发展的过程，从而否定了形而上学的世界观。黑格尔的辩证法使得他的历史观远远超越了前人，他不仅将历史理解为从低级向高级发展的过程，还认识到这一过程受历史发展规律的支配，提出了要认识规律的任务。但是由于他的唯心主义世界观和资产阶级的立场，最终窒息了历史辩证法。费尔巴哈则高举唯物主义的大旗，尖锐地批判了黑格尔的唯心主义和宗教神学，但他在批判的过程中，没有吸收黑格尔辩证法的合理因素，导致他的唯物主义仍带有明显的机械性和形而上学性。同时，费尔巴哈并没有将唯物主义贯彻到社会历史领域，因而他在历史观上仍是唯心的。马克思、恩格斯抛弃了黑格尔哲学的唯心主义体系，批判地吸收了他的辩证法的“合理内核”；抛弃了费尔巴哈哲学的形而上学性，批判地吸收了他的唯物主义，从而使唯物主义和辩证法相结合，自然

▶ 在马克思诞辰 200 周年之际，中国赠送的马克思铜像在其故乡德国特里尔市揭幕

观和历史观相统一，创立了马克思主义的科学世界观和方法论。

其揭示了人类社会发展规律。马克思主义哲学揭示了人类社会由低级向高级发展的一般规律，并且立足科学的实践观，揭示了社会存在和社会意识的辩证关系，揭示了生产力和生产关系、经济基础和上层建筑的辩证关系，说明了推动社会发展的根本动力就在于生产力和生产关系的矛盾运动以及经济基础和上层建筑的矛盾运动，从而把唯心主义从“最后的避难所”中驱逐出去。而且，唯物史观的基本原则在对资本主义经济考察的过程中得到了证明，从而揭示了人类社会最终走向共产主义的必然趋势，揭示了资本主义必然灭亡、共产主义必然胜利的光明前景。

其经受住了长期实践检验。马克思主义世界观和方法论从诞生之日起便一直经受着实践的检验，是被实践检验过的科学真理。首先，马克思主义哲学诞生后便作为指导无产阶级认识和改造世界的世界观和方法论，与工人运动密切结合起来，指导工人进行反对资本主义剥削制度的斗争，并在深入工人运动的实践中不断完善，实现了将社会主义由理想向现实、由一国实践向多国发展、从传统社会主义道路向改革开放的社会主义新道路的飞跃，为全人类指明了光明的发展前景。其次，在中国共产党成立以后，马克思主义哲学便成为中国共产党人的思想武器和看家本领。在领导中国革命、建设和改革的光辉历程中，中国共产党人始终坚持用辩证唯物主义和历史唯物主义分析解决中国问题，使中华民族迎来了从站起来到富起来再到强起来的伟大飞跃，积极探索构建人类文明新形态。中国特色社会主义的伟大实践，已然证明也必将继续证明马克思主义世界观和方法论的科学性。

其形成了与时俱进的理论品格。马克思主义世界观和方法论是不断发展和完善的。从《关于费尔巴哈的提纲》中第一次提出科学的实践观到《德意志意识形态》中对历史唯物主义的系统阐释，从《〈政治经济学批判〉序言》中对唯物史观基本原理的经典表达到《资本论》中对唯物史观的充分验证，马克思主义世界观和方法论始终紧扣时代发展的脉搏。马克思主义传入中国以后，以毛泽东同志为代表的中国共产党人坚持将马克思主义基本原理同中国具体实际相结合，在新民主主义革命的浴血奋战、社会主义革命和建设的艰辛探索中不断推动马克思主义中国化时代化，形成和发展了毛泽东思想。在改革开放和社会主义现代化建设新时期，以邓小平、江泽民、胡锦涛同志为代表的中国共产党人，在建设中国特色社会主义的伟大实践中不断将马克思主义中国化时代化推向前进，先后形成发展了邓小平理论、“三个代表”重要思想、科学发展观。党的十八大以来，以习近平同志为核心的党中央坚持把马克思主义基本原理同中国具体实际相结合、同中华优秀传统文化相结合，勇于进行理论探索和创新，以全新的视野深化对共产党执政规律、社会主义建设规律、人类社会发展规律的认识，取得重大理论创新成果，创立了习近平新时代中国特色社会主义思想。这些都是创造性运用马克思主义世界观和方法论的理论产物，又体现了马克思主义世界观和方法论与时俱进的科学理论品格。

第三章

列宁对马克思主义世界观和方法论的继承和发展

列宁作为20世纪世界无产阶级的伟大导师和领袖，是马克思主义事业和学说的坚定继承者和积极创新者。可以说，在19世纪末20世纪初成长为马克思主义者后，面对资本主义在经济、政治、社会、文化等方面出现前所未有的新变化，列宁以渊博的学识和惊人的毅力，结合时代特点全身心地投入俄国革命运动斗争中，批判了民粹主义、庸俗进化论、修正主义等各种错误思潮，捍卫了马克思主义世界观和方法论，并以新的实践和新的经验丰富、发展了马克思主义世界观和方法论。十月革命的胜利，开辟了人类历史的新纪元，这是成功运用马克思主义世界观和方法论的伟大历史创举，深刻影响了世界历史的发展进程。

一

修正主义是如何背离马克思主义世界观和方法论的？

修正主义的问题，得从 19 世纪末 20 世纪初资本主义时代的新变化说起。

在 19 世纪的最后 30 年间，欧美主要资本主义国家相继发生了以电力的广泛应用为特征的第二次工业革命。新的炼钢法、发电机、内燃机和电动机等科技的广泛应用，导致汽车制造业、钢铁工业、冶金工业和化学工业等诸多新兴工业部门不断涌现，交通通讯等部门也迅速发展起来。特别是电力在工业方面的广泛应用，使主要资本主义国家的重工业比重超过了轻纺工业，形成了以重工业为主的工业化国家。总之，在第二次工业革命的作用下，社会生产力获得了迅猛发展，推动了主要资本主义国家生产高速增长。但是，科技和生产的高速发展，在主要资本主义国家内部及各主要资本主义国家之间是不平衡的。在主要资本主义国家内部，农业的发展落后于工业的发展，轻工业的发展落后于重工业的发展，旧工业部门的发展落后于新工业部门的发展；在主要资本主义国家之间，老牌资本主义国家落后于新兴资本主义国家。美国和德国作为新兴的资本主义国家，由于利用外资和运用最新的技术装备来发展本国的工业，使得美国的汽车工业、德国的化学工业成效卓著。相反，英国作为老牌资本主义国家，在新科技的应用上相对滞后，社会生产力的发展相对缓慢，其原有的“世界市场”地位日趋衰落。

第二次工业革命促进了社会生产力的迅速发展，虽然并没有创造出新的生产关系，但深刻影响着业已存在的资本主义生产关系，其中最突出的资本主义生产变化是资本主义从自由竞争向垄断转变，即向帝国主义转变。正如列宁所说：“帝国主义是作为一般资本主义基本特性的发展和直接继续而生长起来的。但是，只有在资本主义发展到一定的、很高的阶段，资本主义的某些基本特性开始转化成自己的对立面，从资本主义到更高级的社会经济结构的过渡时代的特点已经全面形成和暴露出来的时候，资本主义才变成了资本帝国主义。在这一过程中，经济上的基本事实，就是资本主义的自由竞争为资本主义的垄断所代替。”[①] 资本主义出现的一系列新变化，使马克思主义世界观和方法论面临着新挑战。

科技的巨大进步使资本主义经济出现了暂时繁荣，尤其重工业生产的迅速发展和自由竞争的日益加剧，推动了资本和生产的日益集中。当资本和生产的集中发展到一定程度，就不可避免地产生了垄断。像美国和德国等新兴资本主义国家，随着垄断的产生和发展，在工业生产集中程度比较高的条件下，垄断的程度也比较高，垄断组织发展得比较快。如美国出现了在生产上进行联合的托拉斯垄断组织，德国出现了在销售上进行联合的卡特尔、辛迪加垄断组织。这些垄断组织的出现，使资本主义无政府状态的经济产生出“有组织”经济制度的表象，同时资本主义经济中固有的基本矛盾即生产的社会化和生产资料的私人占有之间的矛盾似乎也已经“缓解”，甚至“消失”。这些表象使一些人误以为马克思主义关于资本主义时代历史趋势的世界观和方法论，如关于资本主义经济危机和资本主义积累历史趋势等

①《列宁选集》第二卷，人民出版社2012年版，第650页。

已经成为一种“过时的假说”。

与此同时，资本主义在政治上也出现了新的变化。政治上的变化取决于经济上的变化，经济上的垄断使资产阶级有了收买工人阶级上层分子的经济基础。因此，垄断资产阶级利用从国内外剥削来的部分超额利润的很小一部分，通过高工资等收买本国工人阶级的上层分子，以造成“分裂工人、加强工人中间的机会主义、造成工人运动在一段时间内腐化的这种趋势”[①]。可以说，在垄断资产阶级的诱惑下，工人运动的某些领袖和理论家逐渐蜕化变质成工人贵族，成为一味追求“改良”、充当资产阶级的代理人、维护资本主义制度的机会主义者，成为工人运动中机会主义和修正主义的社会基础。同时，在19世纪70年代至90年代，资本主义处于相对和平发展时期，无产阶级也学会了和平时期存在的“合法斗争”，即利用资产阶级议会、创办自己的报纸和建立自己的教育机关等形式，这势必淡化了无产阶级的革命意识，模糊了运用无产阶级革命手段取得社会主义革命胜利的斗争目标。曾一时，在工人阶级政党内部盛行主张通过阶级合作、走和平的“议会道路”，使资本主义“和平长入”社会主义的机会主义思想。这些机会主义者逐渐在马克思主义内部组成一个完全脱离马克思主义的流派——修正主义，鼓吹马克思主义关于无产阶级斗争和无产阶级革命等世界观和方法论成为“过时的教条”。

总之，19世纪末20世纪初，资本主义出现的新变化，加上这一时期新康德主义的泛滥，给修正主义的产生提供了经济、社会和思想的土壤。德国社会民主党的政治家、理论家爱德华·伯恩施坦就是这一时期修正主义的重要代表人物。可以说，在这一时期，修正主义思想的形成、泛滥是和他的名字、思想和理论紧密相连的。

---

①《列宁选集》第二卷，人民出版社2012年版，第667页。

青年时代的伯恩施坦是杜林的忠实粉丝，对其著作推崇备至，同时异常热衷于德国早期工人运动领导人拉萨尔的“由国家贷款给生产合作社”的理论。因此，作为一位杜林主义者加入德国社会民主党的伯恩施坦，是以杜林主义和拉萨尔主义的眼光来对待马克思和马克思主义的。但是，伯恩施坦在 1881 年到 1890 年主编《社会民主党人报》时，所显露出来的某些组织上和理论上的才能，使他在德国社会民主党内乃至于在当时的国际共产主义运动中赢得了“马克思主义理论家”的美誉。可是，当 19 世纪末德国的一些经济学家着眼于资本主义发展的新变化和新情况，着手对德国社会民主党所坚持的马克思经济理论进行大肆责难时，伯恩施坦就开始对马克思主义原理的科学性进行了怀疑，并在内心产生了对马克思主义的竭力抗拒。1895 年 8 月，恩格斯逝世后，伯恩施坦肆无忌惮地开始公开“修正”马克思主义。1896 年到 1898 年，他以《社会主义问题》为总题目写了 6 篇论文，成为他对马克思主义“传统解释”进行最初批判和公开责难的代表作；1899 年 1 月，他继《社会主义问题》后，又出版了《社会主义的前提和社会民主党的任务》一书，该书对他的机会主义理论与政策作出了最为系统的论述，也对马克思主义基本原理作出了最为全面的“修正”，成为他与德国社会民主党、与第二国际马克思主义者公开决裂的理论宣言书。

伯恩施坦以《社会主义问题》为题发表的系列论文，后来汇编成了《社会主义的历史和理论》一书。

第一，伯恩施坦以反对社会主义运动中“空想主义”为借口，对马克思所提出的“资本主义积累的历史趋势”论断进行了“修正”。他认为，随着资本主义生产、贸易和交通等的长足发展，并随着“社会民主运动”的显著进步，应该反对一种极端的“空想主义”。在伯恩施坦看来，“从资本主义社会到社会主义社会有一个飞跃”是这种

“空想主义”的根本主张，且这一根本主张的理论基础就是两个“历史推动力”，即“设想得很片面的阶级斗争和经济发展”。为此，他指出，马克思所设想的在推翻资本主义私有制之后才可能出现的经济现象，实际上在资本主义内部已经产生了；由此而谈论资本主义社会“长入”社会主义的问题“并不是错误的”。因为“现代的生根于工人阶级的民主在日益增长地对国家和地方发生直接和间接的影响。这种影响越强大，企业领导的原则就越会按照民主的精神加以修改。有特权的少数人的利益将日益服从公共利益。把经济政策的任务放在首位，其次才注意到国库利益的企业在增加。在原有的、起初只是为了财政目的而加以垄断的国家等的企业里，经济政策的一面也同样日益占了首位”。[①]

第二，伯恩施坦否定资本主义经济发展中资本集中的显著趋势，借此反对“崩溃论”。伯恩施坦完全不顾 1895 年普鲁士企业出现的极其显著的资本集中趋势，断然认定在当时主要资本主义国家里，小型企业并没有停止发展，它们只是和大企业在“比例上逐步地后退”了，且这种“比例上逐步地后退”也是被看作不稳定的。“因为在这里各种一向属于小规模经营的企业被大型工业吞并了或者被它消灭了，在那里又根据新的技术或根据大工业所造成的那种新情况，形成新的中型企业”。这种变化，从当时实际存在的大企业增长的趋势来看，是工业“不断的运动”中的一种微不足道的现象。因此，伯恩施坦强调，这种现象对考察资本主义经济关系的变化来说，完全是“次要的”[②]。同时，他还认为，在资本主义经济发展中，出现了现代信用制度的灵活性，

①［德］爱德华·伯恩施坦：《社会主义的历史和理论》，马元德等译，东方出版社 1989 年版，第 144 页。

②［德］爱德华·伯恩施坦：《社会主义的历史和理论》，马元德等译，东方出版社 1989 年版，第 188—189 页。

货运和邮政等交通通讯的完善化、商业统计和情报机构的改进，以及工业家组织的扩大等一些新的机能的作用，对“生产活动与市场状况的关系”产生了极大的影响，从而“非常有可能，随着经济发展的迈进，一般说来我们将根本不再遇到一向的那种营业危机”[①]。

第三，伯恩施坦以资本主义内部已经生产出越来越多的社会主义因素为依据，来消解无产阶级反对资本主义制度的革命意义与作用。他认为，在资本主义经济不断发展中，从资本主义制度的现状及其发展前景来看，这一制度“崩溃”的可能性不是更大了，而是更小了。因为资本主义的发展已使人们从“实质上”看到了“许多的社会主义得到实现”，或者说是“社会主义的一部分一部分的实现”。伯恩施坦认为所谓的社会主义因素在资本主义内部已经越来越多地生长出来，主要包括社会义务范围的不断扩大、组织成民族或国家的社会对经济生活监督权的扩大，以及企业良好的民主管理的逐步发展等。在他看来，社会只要充分行使监督经济关系的权利，就能实际地使私人经营的企业向公共经营的企业转移。据此，伯恩施坦就断言：“一部好的工厂法可以比一整批工厂的国有化包含更多的社会主义。”[②]

第四，伯恩施坦借口“探求当前问题的细节”的重要性，主张放弃科学社会主义的“通则”（一般原理）和社会主义的总目的。在他看来，在现实的社会主义运动中，人们对社会主义“通则”不再感兴趣，“而是去探讨当前问题的细节，去寻求在当前问题的基础上推动社会沿社会主义方向朝前发展的杠杆和着力点”[③]。甚至在科学社会主

①［德］爱德华·伯恩施坦：《社会主义的历史和理论》，马元德等译，东方出版社 1989 年版，第 192 页。

②［德］爱德华·伯恩施坦：《社会主义的历史和理论》，马元德等译，东方出版社 1989 年版，第 195 页。

③［德］爱德华·伯恩施坦：《社会主义的历史和理论》，马元德等译，东方出版社 1989 年版，第 183 页。

义理论上，即使像《共产党宣言》这样的真理性文献，也不过是“一个为科学社会主义这一名称而辩护的纪念性作品”而已，因为伯恩施坦认为，“依科学方式证明科学的社会主义的严肃尝试，现在还只有极个别的实例”[①]。因此，他“坦白”地承认，“我对于人们通常所理解的‘社会主义的最终目的’非常缺乏爱好和兴趣。这个目的无论是什么，对我来说都是毫不足道的，运动就是一切。所谓运动，我所指的既是社会的总运动，即社会进步，也是为促成这一进步而进行的政治上和经济上的宣传和组织工作”[②]。这也使得“运动就是一切，最终目的是微不足道的”这一说法成为概括伯恩施坦的理论观点和思想方法的一句“名言”。

第五，伯恩施坦公开主张用新康德主义来指导社会主义运动，改造马克思主义。在伯恩施坦看来，“回到康德去！”这句话，在一定程度上对社会主义理论也是适用的。在他心中，新康德主义的主观唯心主义远远高于马克思主义唯物主义。伯恩施坦认为：“先验的唯心主义者康德，事实上是一个比许多信仰所谓自然科学的唯物主义的人还要严格得多的实在论者。他为感官经验的世界要求充分的权利，而且他并没有提出超越我们的认识能力以外的‘物自体’这一概念——在他之前很久，已经有人用另一些词提出了这一概念——，反而是限制了这一概念，他所划定的界限就在今天从原则上讲也还是未被驳倒的。”[③] 因此，他不仅试图改造马克思主义，而且还武断地把马克思主义看作是建立在“利益”“认识”“道德意识”基础上的理论，从而认

---

①［德］爱德华·伯恩施坦：《社会主义的历史和理论》，马元德等译，东方出版社 1989 年版，第 191 页。

②［德］爱德华·伯恩施坦：《社会主义的历史和理论》，马元德等译，东方出版社 1989 年版，第 195 页。

③［德］爱德华·伯恩施坦：《社会主义的历史和理论》，马元德等译，东方出版社 1989 年版，第 227 页。

为马克思主义“关于未来发展的全部理论，纵然是十分唯物主义的，到底也必然带空想色彩”[①]。

总之，伯恩施坦在《社会主义问题》中所提出的中心论点，就是主张“修正”乃至抛弃马克思主义的世界观和方法论，放弃马克思主义世界观和方法论作为无产阶级政党、作为社会主义运动指导思想的地位。如果说他在此书中对其修正主义理论阐述得很分散，还不是“纲领性的”，那么，他在《社会主义的前提和社会民主党的任务》一书中，系统而全面地“修正”了马克思主义基本原理，成为“修正”马克思主义世界观和方法论的宣战书。

在《社会主义的前提和社会民主党的任务》一书中，伯恩施坦用新康德主义取代马克思主义，用庸俗进化论取代唯物辩证法，主张折中主义的多因素决定论，试图全面“修正”马克思主义的世界观和方法论。形成于19世纪60年代的新康德主义，利用当时自然科学发展中的某些因素，迎合垄断资产阶级意识形态上的需要，极力“复合”康德哲学中的唯心主义成分，拼凑出一种主观唯心主义的哲学流派。其实，恩格斯在生前就注意到党内新康德主义的理论倾向，认为“新康德主义的最后一言就是永远不可知的自在之物，也就是康德哲学中最不值得保存下来的部分”[②]。可伯恩施坦在“修正”马克思主义过程中，对新康德主义表现出极大的兴趣，并把它作为一种思想武器与马克思主义哲学相抗争。他认为：“社会民主党必须有一个康德，他总有一天要十分苛刻地对传统的教义进行批判的审查和严厉的责备。他要指出，这一教义在表面上是唯物主义在哪些地方，实际上是最高程度的、因而也是最容易把人引入歧路的

①［德］爱德华·伯恩施坦：《社会主义的历史和理论》，马元德等译，东方出版社1989年版，第245页。

②《马克思恩格斯选集》第四卷，人民出版社1995年版，第286页。

空泛意识形态，指出轻视思想和把物质因素抬高为无所不能的发展力量是自我欺骗，而散布这种欺骗的人已经自己通过行动随时发现了或者将要发现它的本来面目。"[①]

众所周知，在辩证法上，马克思一个伟大的贡献是发现了黑格尔的"合理内核"，并实现了对其的超越，形成了唯物主义辩证法。伯恩施坦从否定黑格尔的辩证法入手来否定马克思主义的唯物辩证法。他认为，马克思主义学说"最致命之处"，就在于坚持了"黑格尔的矛盾辩证法的残余"，并借口马克思和恩格斯合著的《共产党宣言》中存在着对德国革命进程预测的失误，诋毁辩证法"批判的革命的"本质。按照辩证法的这一本质，对资本主义制度的理解既包含肯定的方面也包含否定的方面，即包含资本主义制度必然灭亡的方面，这恰恰是与伯恩施坦的"和平长入"社会主义的主张大相径庭。他还借口黑格尔辩证法是马克思学说中的"叛卖性因素"，是妨碍对事物作出正确推理的"陷阱"，诋毁唯物辩证法在经济与暴力关系论证中的作用，因为按照唯物辩证法的推理，不仅是经济对暴力起决定作用，而且暴力对经济还起着反作用，即革命的作用，它"是每一个孕育着新社会的旧社会的助产婆；它是社会运动借以为自己开辟道路并摧毁僵化的垂死的政治形式的工具"[②]。这与伯恩施坦的机会主义理论观点恰恰是相反的。

同时，伯恩施坦也意识到，唯物史观是马克思主义"最重要环节"，因而对唯物史观进行发难就成了他对马克思主义世界观攻击的最重要方面。他把唯物史观比作宗教的教义，歪曲地解释了马克思在《〈政治经济学批判〉序言》中对唯物史观的表述，并试图用一种折中

---

①[德]爱德华·伯恩施坦著，殷叙彝编：《伯恩施坦文选》，人民出版社2008年版，第335页。

②《马克思恩格斯选集》第三卷，人民出版社2012年版，第564页。

的庸俗唯物论来取代马克思主义的唯物史观。他认为："折衷主义——从对于现象的种种不同的解释和处理方式中进行选择——往往只是对于企图从一物引出万物并且以独一无二的方法处理万物的教条主义渴望的自然的反作用。每当这种渴望发展过度，折衷精神总是要一再以强大的自发力量为自己开辟道路。"① 在此基础上，伯恩施坦把马克思的唯物史观称作不成熟的唯物史观，而他所谓成熟的唯物史观则是基于伦理道德决定意义的唯物史观。可见，伯恩施坦就是要用这种"折中精神"来重新规范唯物史观，对唯物史观进行根本性质上的否定。

从以上伯恩施坦的两部著作中可以看到，修正主义者们是如何在理论上篡改马克思主义的世界观和方法论的。从总结教训的意义来看，这也说明了坚持科学的世界观和方法论的极端重要性。

二

对马克思主义物质观的捍卫和发展

马克思、恩格斯是彻底的唯物主义者，他们批判了旧唯物主义对"物质"的错误理解，明确提出自己关于物质的定义。恩格斯在《自然辩证法》中曾写道："物、物质无非是各种物的总和，而这个概念就是从这一总和中抽象出来的。"因此，"'物质'和'运动'这样的词无非是简称，我们就用这种简称把感官可感知的许多不同的事物依

①［德］爱德华·伯恩施坦著，殷叙彝编：《伯恩施坦文选》，人民出版社2008年版，第146页。

照其共同的属性概括起来”[①]。恩格斯从哲学上将物质的内涵与具体的实物、自然界本身区别开来，并与物质结构区别开来，抽象出“物的总和”，概括出事物的“共同属性”等，但是物质该如何从“物的总和”、事物的“共同属性”中概括和抽象出来？恩格斯并没有给出明确的答案。在19世纪末自然科学不断向前发展的情况下，为了反击唯心主义对唯物主义的进攻，列宁进一步给物质下了明确的哲学定义，这有力地批判了唯心主义，捍卫了唯物主义，并丰富和发展了马克思主义物质观。

19世纪末20世纪初，自由资本主义走向垄断资本主义，正是资本主义历史发展转折时期。在这个特殊历史时期，由于马克思和恩格斯相继逝世，马克思主义理论领域中的分歧和论争层出不穷，曲解、修正马克思主义的各种思潮也日益泛滥，甚嚣尘上。同时，这一时期自然科学特别是物理学发生了划时代的深刻革命，如伦琴射线、放射性元素镭、电子等一系列新发现，颠覆了人类对古典力学中关于物质构造、物质特性和物质运动的传统观点，使人类对世界的研究从宏观低速运动领域进入微观高速运动领域。当然，这些重大发现，使得微观世界的物质表现出不同于宏观世界的物体的特性，原来被当作绝对真理的牛顿经典物理学定律难以解释物理学新发现的事实，使人们对科学的可靠性和真理性产生了怀疑。在这种情况下，流行于19世纪末20世纪初的资产阶级哲学流派——马赫主义亦称经验批判主义就打着“自然科学”的旗号，乘物理学危机而根本否认人认识世界的能力，根本否认自然科学知识的真理性，根本否认真理的客观标准，以至于根本否认客观世界的存在，把这一切都看作人的主观感觉、意见和符号，并由此攻击马克思主义物质观。

---

①《马克思恩格斯选集》第三卷，人民出版社2012年版，第939页。

与此同时，马赫主义也在俄国资产阶级哲学界盛行开来，成为当时最时髦的哲学派别。当马克思主义的敌人们用马赫主义来攻击马克思主义、从思想上瓦解革命时，俄国资产阶级哲学家却对马赫主义情有独钟，使得俄国社会民主党内部一些革命分子和蜕化分子也受到了感染，成为马赫主义的忠实信徒。特别是 1905 年到 1907 年俄国民主革命失败后，俄国社会民主党内部部分革命分子和蜕化分子出现政治上、组织上的消沉、颓废甚至变节，在思想上也抛弃了马克思主义。他们投入了马赫主义的怀抱，用资产阶级或小资产阶级的眼光来看马克思主义，不相信甚至怀疑马克思主义能指导俄国革命，并自认为只有马赫主义才能引领俄国革命的胜利。在这种复杂的思想理论背景和深刻的社会历史原因下，列宁没有灰心，他不断加强对马克思主义哲学的研究。围绕如何来看待这场物理学革命，列宁把哲学研究的重点放到了认识论领域，在 1908 年 2 月至 10 月写出著名的《唯物主义和经验批判主义》一书。这一论著的主要理论贡献在于，在批判马赫主义的过程中把马克思、恩格斯奠基的辩证唯物主义认识论系统化，捍卫和发展了马克思主义物质观，成为开创马克思主义哲学新境界的标志性著作之一。

第一，列宁批判马赫主义的哲学前提，提出两条对立的认识路线原理。马赫主义是主观唯心主义哲学，“物是感觉的复合”是其基本前提。那么，从其基本前提出发，人们在解决哲学基本问题的第一个方面时，就必然会得出感觉是第一性的，物质是第二性的主观唯心主义或唯我论的结论。为此，列宁在批判马赫主义哲学的这个基本前提和从这个前提必然得出荒谬结论的过程中，科学地阐释了唯物主义感觉论和唯心主义感觉论的根本区别。他指出，与唯心主义感觉论相反，唯物主义认为，感觉来源于物质，是外部世界的主观映象。尽管唯物主义与唯心主义都认同认识以感觉为基础，但唯物主义认为物质

◆文献采撷

所有这些人都不会不知道，马克思和恩格斯几十次地把自己的哲学观点叫做辩证唯物主义。然而所有这些因敌视辩证唯物主义而联合起来的人（尽管政治观点截然不同）在哲学上又自命为马克思主义者！别尔曼说，恩格斯的辩证法是“神秘主义”。恩格斯的观点“过时了”，——巴扎罗夫随便一说，好像这是不言而喻的。唯物主义看来被我们的勇士们驳倒了，他们自豪地引证“现代认识论”，引证“最新哲学”(或“最新实证论”)，引证“现代自然科学的哲学”，或者甚至引证“20世纪的自然科学的哲学”。我们的这些要把辩证唯物主义消灭的人，以所有这些所谓最新的学说为依据，竟肆无忌惮地谈起公开的信仰主义来了（卢那察尔斯基最为明显，但绝不只是他一个人！）可是到了要对马克思和恩格斯明确表态时，他们的全部勇气和对自己信念的任何尊重都立即消失了。在事实上，他们完全背弃了辩证唯物主义即马克思主义。在口头上，他们却百般狡辩，企图避开问题的实质，掩饰他们的背弃行为，用某一个唯物主义者来代替整个唯物主义，根本不去直接分析马克思和恩格斯的无数唯物主义言论。按照一位马克思主义者的公正说法，这真是“跪着造反”。这是典型的哲学上的修正主义，因为只有修正主义者违背马克思主义的基本观点，而又不敢或者是没有能力公开、直率、坚决、明确地“清算”被他们抛弃的观点，才获得了这种不好的名声。正统派在反对马克思的过时见解（例如梅林反对某些历史论点）时，总是把话说得非常明确、非常详细，从来没有人在这类论著中找到过一点模棱两可的地方。

——列宁《唯物主义和经验批判主义》

是第一性的东西，感觉是第二性的东西，是客观事物的主观反映；唯心主义认为感觉是第一性的东西，是客观事物的根据和本质，物质是第二性的东西。这就是唯物主义感觉论与唯心主义感觉论的根本区别。在此基础上，列宁进一步概括了认识论上两条根本对立的认识路线原理。即“从物到感觉和思想呢，还是从思想和感觉到物？恩格斯坚持第一条认识路线，即唯物主义的路线。马赫坚持第二条路线，即唯心主义的路线”①。可以说，列宁关于两条认识路线原理的提出创造性地发展了恩格斯关于两大哲学派别、两大哲学阵营的基本问题理论。恩格斯曾经指出，哲学基本问题的第一个方面是思维与存在谁是本原的问题，对这个问题的回答是划分唯物主义与唯心主义的根本标准。这是从本体论上区分唯物主义与唯心主义。列宁的发展在于强调哲学基本问题的第二个方面，即思维是否是存在的反映，这也是区分唯物主义与唯心主义的标准。这样就把唯物主义与唯心主义的对立从本体论上进一步发展到认识论上，适应了 19 世纪下半叶以来唯心主义主要在认识论问题上攻击唯物主义的哲学斗争新形势。

第二，列宁批判马赫主义的不可知论，提出了辩证唯物主义认识论的 3 个重要结论。作为唯心主义派别的马赫主义，还有一个显著的特征，就是在世界是否可知的问题上坚持不可知论。他们认为，人的全部认识都是以感觉经验为对象，在感觉经验之外是否还有东西存在，是无法知道的，其目的就是要用休谟主义和不可知论来代替马克思主义的反映论。针对这种观点，列宁依据恩格斯关于实践是对不可知论最有力的驳斥和人们从煤焦油中提炼茜素证明“自在之物”变为“为我之物”的论述，进一步提出了马克思主义认识论的 3 个重要结论。“（1）物是不依赖于我们的意识，不依赖于我们的感觉而在我

①《列宁选集》第二卷，人民出版社 2012 年版，第 37 页。

们之外存在着的。”这里说的是认识的对象具有客观性和独立性，坚持了马克思主义认识论的本体论。“（2）在现象和自在之物之间决没有而且也不可能有任何原则的差别。差别仅仅存在于已经认识的东西和尚未认识的东西之间。”这里谈的是世界的可知性和认识的反映性，坚持了马克思主义的可知论和反映论。“（3）在认识论上和在科学的其他一切领域中一样，我们应该辩证地思考，也就是说，不要以为我们的认识是一成不变的，而要去分析怎样从不知到知，怎样从不完全的不确切的知到比较完全比较确切的知。”[①] 这里谈的是认识的不断深化，是一个辩证的过程，揭示了人类认识的相对性和绝对性。总之，列宁提出的这 3 个主要结论概括了马克思主义认识论的本质和“活的灵魂”，揭示了认识论的唯物主义、可知论和辩证法的有机统一。可以说，这 3 个重要论述既反对了唯心主义，又划清了同形而上学的旧反映论的界限，是对马克思主义认识论的进一步完善和发展。

第三，列宁批判马赫主义主观真理论，阐明了马克思主义客观真理论。从“物是感觉的复合”这一唯心主义基本前提出发的马赫主义者，否认感觉的客观源泉，不承认感觉是外部世界的主观映象，那么，在真理问题上也就必然否认有客观真理的存在。例如，俄国的马赫主义者波格丹诺夫就在真理观上否认客观真理的存在，认为真理是思想的形式——人类经验的组织形式。他还宣称：“在我看来，马克思主义包括对任何真理的绝对客观性的否定，对任何永恒真理的否定。”[②] 同时，波格丹诺夫批评恩格斯在讽刺杜林的形而上学真理观时，一方面承认相对真理，另一方面又承认绝对真理，陷入了“折中主义”。对此，列宁就波格丹诺夫对马克思主义真理观的歪曲和对恩格斯的攻击

①《列宁选集》第二卷，人民出版社 2012 年版，第 77 页。

②《列宁选集》第二卷，人民出版社 2012 年版，第 81 页。

进行了驳斥，认为波格丹诺夫“在这里显然是把下面两个问题搞混了：（1）有没有客观真理？就是说，在人的表象中能否有不依赖于主体、不依赖于人、不依赖于人类的内容？（2）如果有客观真理，那么表现客观真理的人的表象能否立即地、完全地、无条件地、绝对地表现它，或者只能近似地、相对地表现它？这第二个问题是关于绝对真理和相对真理的相互关系问题”[①]。从列宁对波格丹诺夫搞混了两个问题的驳斥来分析，对第一个问题的不同回答可判断出真理论上的唯物主义、唯心主义和不可知主义；对第二个问题的不同回答可判断出真理论问题上的辩证唯物主义、形而上学和相对主义。实际上，波格丹诺夫的真理观，对第一个问题的回答是主观唯心主义，对第二个问题的回答是形而上学和相对主义。在这方面，波格丹诺夫不仅否认真理内容的客观性和真理标准的客观性，而且还混淆了客观真理问题同真理的绝对性与相对性关系问题。在这个问题上，波格丹诺夫不仅不懂辩证法，还陷入了相对主义。因此，列宁认为：“当一个唯物主义者，就要承认感官给我们揭示的客观真理。承认客观的即不依赖于人和人类的真理，也就是这样或那样地承认绝对真理。”[②] 人们对真理的认识也是一个逐步深入和不断深化的过程，且每一个真理都是人们在一定条件下对客观世界的一定程度上的科学认识，因而也是有限的、相对的。“绝对真理是由发展中的相对真理的总和构成的；相对真理是不依赖于人类而存在的客体的相对正确的反映；这些反映愈来愈正确；每一个科学真理尽管有相对性，其中都含有绝对真理的成分”[③]。所以说，任何科学的思想理论体系都是绝对真理和相对真理的统一体。

第四，列宁批判马赫主义实践观，阐明了马克思主义实践观。马

①《列宁选集》第二卷，人民出版社 2012 年版，第 81—82 页。

②《列宁选集》第二卷，人民出版社 2012 年版，第 92 页。

③《列宁选集》第二卷，人民出版社 2012 年版，第 212 页。

▶ 俄罗斯赤塔市的列宁广场中的列宁雕像

赫主义者从实用主义的立场出发，把实践和认识论分开，认为区分事实和感觉，从实践的观点来看是有意义的，从科学的观点来看却是毫无意义的，并认为“实践是一回事，而认识论完全是另外一回事”[①]，甚至马赫在其最后一部著作《认识和谬误》中明确地说，“认识是生物学上有用的心理体验”“只有成功才能把认识和谬误区别开来”“概念是物理学的作业假说”[②]，完全否认实践是检验真理的标准观。可是，俄国的马赫主义者还十分天真地认为，马赫的这些话是他接近马克思主义的最好证明。为此，列宁深刻地揭露和批判了这种混淆是非的错误做法，鲜明地阐述了马克思主义实践观。他指出，马克思主义的实践观和马赫主义的实践观是根本不同的。在马赫主义者看来，有用便是真理，成功是在实践中所需要的一切，实践是可以同认识论分开来考察的，而在马克思主义者看来，人类实践的成功，证明指导实践的理论正确地反映了客观事物及其规律；在马赫主义者看来，实践只是用来满足人的需要的手段，在科学认识上没有任何意义，而在马克思主义者看来，生活、实践的观点，应该是认识论的首要的和基本的观点。所以说，仅仅依据是否重视实践，

①《列宁选集》第二卷，人民出版社 2012 年版，第 99 页。

②《列宁选集》第二卷，人民出版社 2012 年版，第 99—100 页。

是否讲“成功”或“有用”，并不能决定一种认识论的性质，问题的关键就在于看它的实践观是与哪一条认识路线相联系的。列宁同时还指出，作为检验真理的标准应既是确定的，又是不确定的，是确定性和不确定性的统一，马克思主义实践观正是这样辩证发展的实践观。“实践标准实质上决不能完全地证实或驳倒人类的任何表象。这个标准也是这样的‘不确定’，以便不让人的知识变成‘绝对’，同时它又是这样的确定，以便同唯心主义和不可知论的一切变种进行无情的斗争。”[①] 列宁这一论述，对恩格斯关于实践问题的论述进行了更进一步的发挥，把马克思主义实践观提升到了一个新的认识水平。

第五，列宁对物理学革命成果进行了哲学总结，科学界定了物质的哲学含义。19世纪末20世纪初，自然科学领域进行了一些重大革命，特别是物理学的新发现，打破了人们对牛顿经典物理学的崇拜，颠覆了原有的关于原子不可分割性以及质量守恒性等的观念。这一新革命，对于当时诸多受形而上学思维方式支配的物理学家来说，带来的不是欢欣鼓舞，而是被称为“物理学危机”的思想上、理论上的混乱。人们究竟能不能认识客观世界？过去所采用的研究成果——物理学的原理和定理是客观世界的反映，还是只是人们的主观映象？物理学是否还能成为一门科学？等等，这些在以前看来是有确切答案的问题，现在都变得令人怀疑了。物理学定律似乎不再是物质世界的反映，而是物理学家的单纯的符号、记号和标记。唯物主义似乎也被推翻了。对此，列宁深刻指出，现代物理学危机并不是说物理学的旧定律不是客观世界的真实反映，而是表明这些原理的有效范围受到了限制；也不是说物理学本身不再是一门科学，而是表明那种把经典物理学看作最终完成了科学体系的人的思维方式产生了危机。其实“现代物理学

---

①《列宁选集》第二卷，人民出版社2012年版，第103页。

危机的实质就是：旧定律和基本原理被推翻，意识之外的客观实在被抛弃，这就是说，唯物主义被唯心主义和不可知论代替了"[①]。为了回击唯心主义对唯物主义的进攻，捍卫辩证唯物主义，列宁在对物理学革命成果进行哲学总结的基础上，创造性地给出唯物主义的物质定义："物质是标志客观实在的哲学范畴，这种客观实在是人通过感觉感知的，它不依赖于我们的感觉而存在，为我们的感觉所复写、摄影、反映。"[②] 在这里，列宁就明确地指出物质是不依赖于我们的感觉而存在，即物质是不依赖于人而存在的，揭示了物质的唯一特性是客观实在，反映了人类对物质世界认识的深化，把马克思主义物质观与形而上学唯物主义物质观区分开来，成为辩证唯物主义的理论基石。

总之，在捍卫马克思主义物质观的斗争中，列宁有力地批判了马赫主义，反击了唯心主义，捍卫了唯物主义，科学界定了物质的哲学定义，对物质进行了抽象的一般的概括，丰富和发展了马克思主义的物质观，也捍卫了马克思主义的世界观和方法论。

三

捍卫唯物主义辩证法

马克思曾谈道："我很愿意用两三个印张把黑格尔所发现、但同时又加以神秘化的方法中蕴含的合理的东西阐述一番，使一般人都能

①《列宁选集》第二卷，人民出版社 2012 年版，第 189 页。
②《列宁选集》第二卷，人民出版社 2012 年版，第 89 页。

够理解。”[①] 马克思这里所说的这个“合理的东西”就是辩证法。不同的是，黑格尔的辩证法是唯心主义的辩证法，马克思的辩证法则是唯物主义的辩证法。但遗憾的是，马克思生前并没有完成这个愿望。尽管后来恩格斯对建立马克思主义的唯物辩证法作出了极大努力，但也没有建立唯物辩证法的严整理论体系。为此，面对革命实践的发展和理论斗争形势的变化，在 1914 年 9 月到 1916 年 6 月，列宁花费了一年多时间阅读了大量哲学著作，做了许多珍贵的哲学笔记，最终在继承马克思的辩证法思想的同时，发掘了黑格尔的辩证法的合理内核，创立了唯物辩证法的理论体系。

首先，列宁揭露机会主义的理论本质，阐明了两种发展观。机会主义在第一次世界大战中的产物和表现就是社会沙文主义。说起社会沙文主义就不得不讲沙文主义了。其实沙文主义是指把本民族利益看得高于一切，主张征服和奴役其他民族的极端民族主义和好战情绪。因此，社会沙文主义就是口头上的社会主义，实际上的沙文主义。1914 年第一次世界大战爆发后，以考茨基、普列汉诺夫为代表的第二国际机会主义领导人，以“保卫祖国”为幌子，站在资产阶级立场上，欺骗人民，公然宣称进行战争是为了保卫民族自由和民族生存，否认战争的帝国主义性质，积极支持帝国主义战争；同时，他们背叛革命，拒绝宣称和支持无产阶级反对本国资产阶级政府的革命行动，彻底堕落成为社会沙文主义者。为了替自己的社会沙文主义错误立场进行辩护，第二国际机会主义者就用诡辩法来歪曲辩证法。

为此，在揭露机会主义的斗争中，列宁就专门阐述了辩证法和诡辩法的根本区别。作为方法论，辩证法和诡辩法在形式上都主张反映事物本质的概念以及在这些概念的应用上应具有全面的、普遍的灵

---

①《列宁全集》第五十八卷，人民出版社 2017 年版，第 35—36 页。

活性。但是，如何应用这种灵活性呢？辩证法和诡辩法有着本质的原则界限：如果加以客观地应用，即正确反映客观事物的本来面目，考虑物质过程的全面灵活性，就是辩证法；如果加以主观、随心所欲地应用，不考虑客观事物的本来面目，光是主观的灵活性，就是诡辩法。因而，第二国际机会主义者恰恰就利用辩证法和诡辩法两者在形式上的相似性来用诡辩法为自身的机会主义实践策略进行辩护。一是脱离概念的客观内容和具体条件，完全依据主观需要来玩弄概念的灵活性。比如考茨基、普列汉诺夫等第二国际领导人任意应用“保卫祖国”口号来号召各国的工人阶级参与到第一次世界大战中，而不是具体分析战争的历史条件和客观的阶级内容。而唯物辩证法不同，其坚持反映论原则，强调运用概念不能脱离概念所反映的客观事物和发生作用的具体条件，否则就会陷入唯心主义。二是依据事物之间的表面相似而抹杀其联系和本质区别，把联系歪曲为绝对等同。比如普列汉诺夫用马克思对资产阶级进步时代的战争和民族解放时的战争态度来论证他对帝国主义战争的错误态度，看不到这些表面相似的战争有着本质的区别。而唯物辩证法要求人们“从发展中去全面研究某个社会现象，要求把外部的、表面的东西归结于基本的动力，归结于生产力的发展和阶级斗争”①，否则的话，就不可能抓住问题的实质所在。三是混淆事物的主流和支流、本质和现象之间的界限，用次要的、枝节的东西来代替主要的、本质的东西，以满足自身的主观需要。比如考茨基依据塞尔维亚反击奥匈帝国入侵是正义的民族战争因素来否认第一次世界大战的帝国主义性质。而唯物辩证法不一样，它要求人们从客观事物的全局出发，分清主流和支流、本质和现象，抓住决定事物性质的关键环节，反对做孤立的、片面的和歪曲的考察。否则，就不

①《列宁选集》第二卷，人民出版社 2012 年版，第 465 页。

可能准确地揭示出第一次世界大战的真正本质。

总之，列宁关于辩证法和诡辩法以及两者之间本质区别的论述，有力地揭露了考茨基、普列汉诺夫等第二国际领导人堕落成为社会沙文主义者的方法论根源，体现了唯物辩证法在认清复杂社会现象中具有至关重要的方法论作用。因此，作为一个真正的马克思主义者，就必须自觉掌握好和运用好唯物辩证法，反对任何形式的诡辩法和折中主义。

其实诡辩法和折中主义说到底就是一种形而上学的发展观。考茨基、普列汉诺夫等人之所以要用诡辩法和折中主义来为他们的社会沙文主义错误行为进行辩护，究其根本是深受他们的形而上学立场——庸俗进化论所决定的。溯起源，庸俗进化论是形成于19世纪末20世纪初的“小店主的”发展理论，代表人物是英国的斯宾塞。它最大的特征是把达尔文的自然进化论庸俗化，不是否认运动变化，而是机械地类比复杂的人类社会发展，把事物发展过程中的一切变化只归结为量的增加和位置的移动，是“平静”而缓慢的进化，不存在质变和革命性的飞跃。可以说，一直以来，这种庸俗进化论的发展理论成为资产阶级对抗马克思主义辩证法和反击无产阶级革命的思想武器，以考茨基、普列汉诺夫为主要代表的第二国际机会主义者也将它作为否认社会革命、主张点滴改良、鼓吹“和平长入”社会主义的理论依据。

对此，早在同自由主义民粹派、“合法马克思主义”和“经济主义”的斗争中，列宁就对庸俗进化论的形而上学发展观予以深刻的揭露和批判。他指出，离开了生产力和生产关系的矛盾运动以及由此产生的阶级斗争和社会革命，就无法谈论社会的一般发展过程。接着，在1908年《马克思主义和修正主义》中，列宁对伯恩施坦的发展观也进行了进一步批判，认为伯恩施坦等机会主义者是跟着新康德主义者后面蹒跚而行，"用'简单的'（和平静的）'演进'去代替'狡猾的'（和革命的）辩证法"[①]。后来，在1914年《卡尔·马克思》中，列宁再一次对进化论的发展观进行了深刻批判，认为它是片面的、内容贫乏的、将自然界和社会的实际发展过程整得残缺不全的理论。同时，在批判庸俗进化论的发展观时，列宁认为唯物辩证法的发展观比它要"全面得多，丰富得多"，力图全面揭示唯物辩证法的发展观和形而上学的发展观的区别与对立。"现在，发展观念，进化观念，几乎完全深入社会的意识，但不是通过黑格尔哲学，而是通过另外的途径。不过，这个观念，按马克思和恩格斯依据黑格尔哲学而作的表述，要比一般流行的进化观念全面得多，丰富得多。发展似乎是在重复以往的阶段，但它是以另一种方式重复，是在更高的基础上重复（'否定的否定'），发展是按所谓螺旋式，而不是按直线式进行的；发展是飞跃式的、剧变式的、革命的；'渐进过程的中断'；量转化为质；发展的内因来自对某一物体、或在某一现象范围内或某一社会内发生作用的各种力量和趋势的矛盾或冲突；每种现象的一切方面（而且历史在不断地揭示出新的方面）相互依存，极其密切而不可分割地联系在一起，这种联系形成统一的、有规律的世界运动过程，——这就是辩证法这一内容更丰富的（与通常的相比）发展学说的若干特征。"[②]

在总结批判进化论发展观的基本特征的基础上，1915年，列宁在《谈谈辩证法问题》一文中，提出了两种根本对立的发展观并对其进行了明确的概括。所谓两种根本对立的发展观，即指庸俗进化论的发展观和唯物辩证法的发展观。两种发展观根本对立的表现在于：一是关于发展的含义，庸俗进化论的发展观认为"发展是减少和增加，

①《列宁全集》第十七卷，人民出版社2017年版，第13页。

②《列宁选集》第二卷，人民出版社2012年版，第422—423页。

是重复”；而唯物辩证法的发展观认为“发展是对立面的统一”。二是关于发展的动力，庸俗进化论的发展观认为发展是外力的推动，其源泉在外部；而唯物辩证法的发展观认为发展是“自己运动”，其源泉在事物自身。三是关于发展的内容，庸俗进化论的发展观认为发展是“僵死的、平庸的、枯燥的”，是已有东西的重复、没有产生和消亡；而唯物辩证法认为发展是“活生生的”，是“飞跃”“渐进过程的中断”“向对立面的转化”“旧东西的消灭和新东西的产生”[①]。在这里，列宁依据对立统一的矛盾规律对两种根本对立的发展观进行了阐述，具有巨大意义，不仅粉碎了庸俗进化论——第二国际机会主义者赖以生存的理论基础，揭示了辩证发展是自然和社会始终遵循的性质，而且确立了科学的衡量标准，真正把辩证发展理论同庸俗的进化理论及其他种种假辩证的发展观区别开来。

其次，列宁批判继承辩证法的丰富遗产，建构起唯物辩证法的理论体系。列宁的一生，给世人留下诸多珍贵的读书笔记，其中最具有代表性意义、最能体现列宁创作天才和辩证思维能力的还是《哲学笔记》这本著作。在这本著作中，列宁批判地继承和改造了古代辩证法和黑格尔辩证法，并提出了辩证法、逻辑学、认识论“三者同一”、辩证法的十六要素和对立统一规律是辩证法的核心与实质等思想，丰富和发展了唯物辩证法。

在哲学史上，黑格尔尽管没有明确提出把辩证法、逻辑学和认识论“三者同一”的思想，但是他的《逻辑学》是辩证法，把“绝对观念”作为世界本质，用来研究自然、社会和人类思维的辩证运动过程；他的《逻辑学》也是认识论，认为“绝对观念”的运动过程也是自我认识的过程；他的《逻辑学》又是逻辑学，提出概念的运动体现了从

①《列宁选集》第二卷，人民出版社2012年版，第557页。

抽象到具体、从简单到复杂的逻辑轨迹。从而，他是第一个自觉地实现辩证法、逻辑学、认识论“三者同一”的人。可是，黑格尔的全部哲学是建立在客观唯心主义基础上的，离开了他神秘的“绝对观念”，就无法实现辩证法、逻辑学、认识论的同一。因此，辩证法、逻辑学、认识论“三者同一”问题在黑格尔那里并没有得到真正科学的解决。不过，在马克思和恩格斯这里，他们批判地继承了人类文明一切优秀成果，将黑格尔哲学的合理内核和费尔巴哈哲学的基本内核有机结合起来，实现了唯物主义和辩证法的统一，创立了科学的唯物辩证法，使辩证法、逻辑学和认识论在唯物主义的基础上达到了真正科学的统一。但是，由于受到主观和客观条件的限制，在马克思和恩格斯的著作中，关于辩证法、逻辑学、认识论“三者同一”的原则，也没有在理论上得到系统的说明和总结。因此，列宁在全面掌握马克思和恩格斯所创立的唯物辩证法的基础上，对黑格尔关于辩证法、逻辑学、认识论“三者同一”的思想进行认真的批判、继承和改造后，第一次明确指出，“逻辑、辩证法和唯物主义的认识论（不必要三个词：它们是同一个东西）都应用于同一门科学”[①]，即辩证唯物主义，并认为辩证法、逻辑学、认识论“三者同一”的原则是辩证唯物主义至关重要、非常本质的方面。否则的话，就不能理解整个马克思主义哲学。

列宁说，半个世纪以来，没有一个马克思主义者是理解马克思的。作为马克思主义的忠实继承者，列宁不仅全面掌握了马克思和恩格斯所创立的唯物辩证法，而且还十分清楚地明白马克思主义辩证法理论中有哪些需要进一步丰富、完善和发展。因此，在为解决革命运动和理论争论等重大现实问题上深入研究辩证法的过程中，列宁就非常注重从理论上把已形成的思想成果进行系统化，以便解决唯物辩证

①《列宁全集》第五十五卷，人民出版社2017年版，第290页。

法的体系问题——这个在马克思和恩格斯那里也已提出但还没有完全解决的问题。

为了建构辩证法的理论体系，列宁提出辩证法的三要素，使得在黑格尔那里的唯心主义消失了，形成了唯物辩证法的初步轮廓。后来，列宁清楚地意识到，辩证法的三要素还不够明确和具体，又在此基础上作了进一步的扩展和深化，提出了辩证法的七要素。在进一步的研究中发现，还应该对辩证法再明确、再详尽一些，于是列宁又在七要素的基础上增补了 5 个新要素，提出了辩证法的十二要素。而后又发现，十二要素还不够详尽，有些重要内容遗漏了，列宁在《黑格尔〈逻辑学〉一书摘要》中关于“辩证法的要素”又增加了 4 条要素，提出了辩证法的十六要素，最终完成了对辩证法三要素的不断拓展和逐步深化，形成了人们通常所说的唯物辩证法的十六要素，概括了辩证法的主要原理，勾勒了唯物辩证法理论体系的整体框架。

辩证法的十六要素按其内容可以概括为以下 4 个方面。（一）阐述辩证法的客观性。辩证法的唯物主义基础（第一要素），列宁在辩证法的要素中列出的第一要素为“观察的客观性”，就强调了自己的辩证法是唯物主义辩证法。（二）阐述辩证法的两条基本原则。一为普遍联系的原则（第二、八要素），二为自己运动的原则（第三要素）。（三）阐述辩证法的基本规律。揭示了事物的矛盾运动及其表现，侧重说明了对立统一规律的内容：一为一切事物都包含着内在矛盾（第四要素），二为对立面的互相依存（第五要素），三为对立面的斗争（第六要素），四为对立面的互相转化（第九要素）。同时，作为对立统一规律的实例或表现，还说明了量转化为质和质转化为量（第十六要素）、否定的否定（第十三、十四要素），以及内容与形式的辩证关系（第十五要素）等方面的问题。（四）阐述认识的辩证法。一为认识过程是分析与综合相结合的过程（第七要素），二为认识过程是从不知到知、从知之不多到知之较多的无限发展的过程（第十要素），三为认识是从现象到本质、从不深刻的本质到深刻的本质的无限深化的过程（第十一要素），四为认识过程中范畴的发展与转化（第十二要素）。最后，列宁对辩证法十六要素进行了总结，第一次提出对立统一规律是辩证法的核心。同时他还指出："可以把辩证法简要地规定为关于对立面的统一的学说。这样就会抓住辩证法的核心，可是这需要说明和发挥。"[①] 此后不久，他又进一步指出，"统一物之分为两个部分以及对它的矛盾着的部分的认识……是辩证法的实质"[②]。这样的总结是列宁批判地继承和改造黑格尔辩证法思想的重大成果，是对唯物主义辩证法的重大发展。

总之，列宁关于辩证法要素的研究和辩证法的十六要素的提出，不但在当时为反对修正主义的诡辩论提供了锐利武器，而且为在理论上研究和论述唯物辩证法的科学体系提供了一个初步纲领，为进一步研究和发展辩证法打下了坚实理论基础并开辟了宽广的理论道路。

四

十月革命与运用马克思主义世界观和方法论的历史创举

十月革命是俄国工人阶级和广大人民群众在列宁和布尔什维克党

①《列宁选集》第二卷，人民出版社 2012 年版，第 412 页。

②《列宁全集》第五十五卷，人民出版社 2017 年版，第 305 页。

的领导下成功发动的、以夺取国家政权为目标的武装起义，实现了共产主义运动在人类历史上的第一次胜利，使社会主义第一次从理论变为现实，是人类历史上一次划时代意义的伟大事件。在帝国主义时代资本主义经济政治发展不平衡的背景下，十月革命发生在俄国那样一个资本主义链条薄弱的国家里，有其深刻的社会历史原因和特殊性因素，也揭示出落后国家走向社会主义的特殊道路，对 20 世纪马克思主义理论与实践的发展产生了重大而深远的影响。十月革命的伟大胜利也彰显了列宁创造性运用马克思主义的世界观和方法论解决社会主义发展中复杂问题的理论能力和政治能力。在这个意义上说，十月革命的历史胜利也是马克思主义世界观和方法论理论的胜利。

我们知道，按照马克思和恩格斯的理论设想，社会主义革命应当首先发生在西方的发达资本主义国家里。那么，马克思和恩格斯作出这一设想的基本依据是什么呢？其实就是资本主义的生产力高度发达，从而使资本主义所固有的基本矛盾——生产的社会化与资本主义的私人占有制之间的矛盾空前激化，使得生产关系无法适应生产力的发展了，资本主义的生产方式也就无法容纳高度发达的社会生产力了。与此同时，在生产力高度发达的资本主义国家里，劳资矛盾最尖锐，使得工人阶级在人口中的比重不断增大，为社会主义奠定了阶级基础。这样，突破资本主义“外壳”的条件就成熟了。可是，在俄国十月革命前，尽管 1861 年俄国进行了农奴制改革，资本主义得到了较快发展，但其资本主义发展的总体水平与欧美主要资本主义国家相比还很落后。所以，在第一次世界大战前夕，俄国还存在着严重的农奴制残余，全国大部分土地都掌握在封建地主阶级手中，仍然是一个农业占很大优势的国家，工业在国民经济中的比重也不是很高，工人阶级在总人口中占的比重也不是很高。显然，1917 年的俄国还不是一个发达的资本主义国家。

▶ 2017 年 11 月 8 日，“纪念十月革命 100 周年——俄罗斯国家历史博物馆藏十月革命文物展”在国家博物馆开展

然而，决定无产阶级社会主义革命的条件是否成熟的因素，不仅仅是客观的经济发展水平，在很大程度上还取决于国际国内的政治形势和国内阶级力量的对比等实际因素。因此，在准备和发动俄国十月革命的过程中，列宁就特别注重坚持和发展马克思主义一切从实际出发、尊重历史、尊重实践的科学世界观和方法论，始终将马克思主义的科学世界观和方法论同无产阶级革命实践有机联系起来、同俄国的实际情况相结合。在第一次世界大战期间，面对资本主义内在矛盾充分暴露和日益尖锐以及革命危机日趋成熟的形势，列宁紧密结合资本主义发展的新变化，加紧对马克思主义哲学进行研究，继承和发展了马克思主义的科学世界观和方法论，特别是马克思主义的唯物辩证法，创造性地提出了对立统一规律是辩证法的实质和核心。可以说，这一创造性研究，为列宁科学分析帝国主义及其矛盾，揭批第二国际

机会主义和社会沙文主义思潮以及正确制定无产阶级斗争的战略和策略奠定了科学的世界观和方法论基础。

在生产力不是高度发达的资本主义国家能不能进行无产阶级革命？这是 19 世纪末 20 世纪初资本主义发展进入帝国主义时期所处时代提出的崭新历史课题。面对这样的历史性时代课题，第二国际机会主义者考茨基和普列汉诺夫等人，只从本本主义出发，不具体问题具体分析，把马克思主义教条化，不从俄国的具体国情出发，坚决认定马克思主义关于社会形态的理论和社会主义革命的设想是绝对真理，社会发展只有西欧国家一种模式，以及社会主义革命应当首先发生在西方发达资本主义国家，落后的俄国是没有进行无产阶级革命的必然性和可能性的。更为甚的是，普列汉诺夫断然认为，如果贸然行事那将是“历史灾难”。而托洛茨基则认为，俄国单靠自身的力量不可能建成社会主义，只有“在农民占人口绝大数的落后国家内，工人政府所处地位的矛盾，只有在国际范围内即在无产阶级世界革命舞台上，才能求得解决”[①]。这些错误观点很显然违背了马克思主义的唯物辩证法，严重背离了一切从实际出发、具体问题具体分析的马克思主义科学世界观和方法论。其实，在关于社会发展道路和社会主义革命问题上，马克思和恩格斯始终坚持一切从实际出发，充分尊重历史、尊重实践。特别是在谈到俄国革命发展问题上，马克思晚年就明确表示，由于历史发展的复杂性，一定会导致发展途径的多样性，绝不能对历史现象进行简单的类比。正如他所言，如果“一定要把我关于西欧资本主义起源的历史概述彻底变成一般发展道路的历史哲学理论，一切民族，不管他们所处的历史环境如何，都注定要走这条道路，——以便最后都达到在保证社会劳动生产力极高度发展的同时又保证人类最

①［俄］列・托洛茨基著，郑异凡编：《托洛茨基文选》，人民出版社 2010 年版，第 66 页。

全面的发展的这样一种经济形态。但是我要请他原谅。他这样做，会给我过多的荣誉，同时也会给我过多的侮辱”[①]。

在新的历史条件下，列宁继承和发展了马克思主义的世界观和方法论。首先，列宁对于脱离俄国具体国情的种种陈词滥调和空论谬论进行了理论上的回击，并对俄国国情进行了科学分析。正如列宁所指出：“俄国是个介于文明国家和初次被这场战争最终卷入文明之列的整个东方各国即欧洲以外各国之间的国家，所以俄国能够表现出而且势必表现出某些特殊性，这些特殊性当然符合世界发展的总的路线，但却使俄国革命有别于以前西欧各国的革命，而且这些特殊性到了东方国家又会产生某些局部的新东西。”[②] 在这里，列宁认为，最大的特殊性就是落后的俄国必须首先通过无产阶级革命来发展文明，而不是等各种文明都具备后再进入社会主义。同时列宁又进一步对此作出阐释：“世界历史发展的一般规律，不仅丝毫不排斥个别发展阶段在发展的形式或顺序上表现出特殊性，反而是以此为前提的。”[③] 其次，关于帝国主义的本质和矛盾。列宁认为，帝国主义在本质上是资本主义的特殊阶段，是资本主义内部矛盾进一步发展和尖锐化的表现，是现代资本主义。而第二国际机会主义者考茨基则否定这一点，他认为行将到来的阶段不是帝国主义，亦不是现代资本主义，而是“超帝国主义”。对此，列宁则一针见血地指出，考茨基的“超帝国主义”不是让人们去注意现代资本主义的矛盾，不是“充分暴露矛盾的深刻性，而是回避存在的矛盾，忘掉其中最重要的矛盾”[④]。最后，关于帝国主义战争即第一次世界大战的转化问题。列宁认为，帝国主义战争可以

①《马克思恩格斯全集》第十九卷，人民出版社 1963 年版，第 130 页。

②《列宁选集》第四卷，人民出版社 2012 年版，第 776 页。

③《列宁选集》第四卷，人民出版社 2012 年版，第 776 页。

④《列宁选集》第二卷，人民出版社 2012 年版，第 655 页。

转化为民族战争，民族战争也可以转化为帝国主义战争，否认帝国主义战争可以转化为民族战争而只承认民族战争可以转化为帝国主义战争的做法是违背马克思主义辩证法特别是对立统一规律的。因为，按照对立统一规律，“自然界和社会中的一切界限都是有条件的和可变动的，没有任何一种现象不能在一定条件下转化为自己的对立面。民族战争可能转化为帝国主义战争，反之亦然”[①]。可以说，对立统一规律为俄国无产阶级正确认识帝国主义矛盾以及为制定正确的革命策略提供了重要的方法论上的指导。

因此，以列宁为首的布尔什维克党，结合革命形势的变化发展，创造性运用马克思主义的世界观和方法论，不断制定正确的革命政策和策略，实现了社会主义革命的胜利。从第一次世界大战开始，他们充分利用和深刻揭露帝国主义战争的性质，并结合战争造成俄国内部的种种矛盾大大激化这一现实，依据列宁制定的路线和策略方针，在广大人民群众中进行争取和平、土地和面包的反对战争宣传工作；在军队中建立起秘密党支部，发展党员，鼓励广大士兵掉转枪口进行革命。随着战争灾难所造成的革命形势日益成熟，以列宁为首的布尔什维克党的正确领导和艰苦工作以及“变帝国主义战争为国内战争”的提出，俄国人民反战斗争的浪潮急剧高涨。1917 年 1 月，诸多城市都爆发了工人罢工和示威游行等活动，尤其是 2 月的工人罢工人数累计达到 50 多万人，革命形势已然到来，布尔什维克党中央局于 2 月号召武装起义。在工人和士兵的联合行动中，其摧毁了反动军警的反抗取得了武装起义的胜利，推翻了统治俄国人民近 400 年的罗曼诺夫封建王朝，这就是俄国发生的二月革命。二月革命胜利后，俄国出现了历史上罕见的工兵代表苏维埃和以克伦斯基为首的资产阶级临时政

---

①《列宁选集》第二卷，人民出版社 2012 年版，第 693 页。

府两个政权并存的局面。但是，一个国家内怎么可能存在两个政权组织呢？俄国革命处在面临向何处去的关键时刻。

在瑞士得知二月革命的消息后，列宁立即进行回国的准备。1917年4月，列宁排除种种阻挠回到俄国，他在布尔什维克党的会议上作了题为《论无产阶级在这次革命中的任务》的报告，即著名的《四月提纲》。在这个提纲中，列宁回答了俄国革命面临的重大问题，规划了由革命的第一阶段向革命的第二阶段过渡的路线和方针，即由资产阶级民主革命向社会主义革命发展的路线和方针。根据二月革命后国内外形势的发展变化，列宁提出了过渡的具体措施和“全部政权归苏维埃”的斗争口号。其实，这一口号的内容和实质就是改革苏维埃的路线和政策，要求布尔什维克党做好群众工作，帮助工农群众认清孟什维克和社会革命党的反对面貌，逐步摆脱他们的影响，进而把孟什维克和社会革命党从苏维埃中逐步排除出去。随着革命形势的不断发展，孟什维克和社会革命党以及临时政府的反对面目日益暴露，临时政府血腥镇压群众和政治迫害革命，出现了反动的“七月事变”，而孟什维克和社会革命党拱手让出政权，宣告了两个政权并存局面的结束。

“七月事变”后，随着俄国革命的形势变化和深入发展，列宁及时调整革命策略，并提出了武装夺取政权的任务，布尔什维克党通过代表大会确定路线，积极进行武装起义的准备工作。1917年10月，列宁从波兰秘密回到俄国，进行武装起义的准备工作。俄历10月10日，列宁主持召开布尔什维克党中央全体会议，研究部署武装起义，决定于10月24日举行武装起义。10月25日上午，武装起义军队占领车站、邮局等重要据点。25日下午，武装起义军队对冬宫即临时政府所在地进行了包围。25日晚，革命的“阿芙乐尔”巡洋舰开始攻打冬宫，并于深夜占领了冬宫，武装起义宣告胜利。一声炮响，震

▶《1917 年 11 月列宁在全俄苏维埃第二次代表大会上讲话》（油画 / 谢罗夫绘）

撼了俄国，也震撼了全世界。当晚，全俄苏维埃宣布建立苏维埃政府，政权掌握在了无产阶级手中。随后，革命继续向全国各地扩展，到 1918 年 2 月，在全国范围内建立了苏维埃政权，十月革命取得了伟大的胜利。

其实，1914 年爆发的第一次世界大战与俄国革命的成熟是相互联系和相互转化的。1914 年到 1917 年的 3 年战争所造成的国际国内形势变化，有利于俄国革命的向前发展。正如列宁所说："三年来的战争把我们向前推进了三十来年""战争异乎寻常地加快了事态的发展，令人难以置信地加深了资本主义的危机"[①]。确实，第一次世界大战给俄国人民带来了空前的灾难和困苦，人民反对战争、渴望和平，可是，不管是俄国封建沙皇，还是二月革命后的资产阶级临时政府，

①《列宁全集》第三十二卷，人民出版社 2017 年版，第 109、108 页。

都坚决要把这场帝国主义的反人民战争进行到底；而孟什维克和社会革命党等小资产阶级政党则坚信“民主革命不能排除资产阶级”，暴露出他们的反动本性。那么，这就使得俄国所有的反动政治力量都站在人民的对立面，有利于无产阶级及其政党在革命过程中引导和发动人民群众的力量，从而改变了俄国阶级力量的对比。同时，第一次世界大战是大大削弱了帝国主义的力量，使得俄国无产阶级有可能在帝国主义这一薄弱环节中首先取得突破，进而获得无产阶级社会主义革命的胜利。正如列宁精辟地指出的那样，“如果没有战争，俄国也许会过上几年甚至几十年而不发生反对资本家的革命”。[①] 可见，第一次世界大战促进了俄国革命条件的成熟。

列宁晚年在反思十月革命的“理论合理性”时认为，不能死死抱住俄国社会主义革命的物质条件还不成熟的教条主义“死观点”不放，而是要具体问题具体分析，应当抓住已有的有利形势，不失时机地夺取政权，然后再逐步发展生产力、建设社会主义，创造新的文明。列宁的这一重大理论战略思想，在其1924年写的著名的《论我国革命》一文中进行了详细而生动的阐释。他说：“既然毫无出路的处境十倍地增强了工农的力量，使我们能够用与西欧其他一切国家不同的方法来创造发展文明的根本前提，那又该怎么办呢？世界历史发展的总的路线是不是因此改变了呢？正在卷入和已经卷入世界历史总进程的每个国家的各基本阶级的基本相互关系是不是因此改变了呢？”[②] 社会主义革命需要一定的经济物质条件，俄国革命在发展顺序上体现出特殊性：先夺取政权，再建设物质文明。同时，列宁还反问那些自诩为马克思主义者的“英雄”们：“你们说，为了建立社会

①《列宁全集》第三十卷，人民出版社2017年版，第27页。

②《列宁选集》第四卷，人民出版社2012年版，第777页。

主义就需要文明。好极了。那么，我们为什么不能首先在我国为这种文明创造前提，如驱逐地主，驱逐俄国资本家，然后开始走向社会主义呢？”[①] 正是在列宁的领导下，以列宁为首的布尔什维克党掌握和运用了马克思主义的世界观和方法论“活的灵魂”，带领俄国无产阶级和广大人民群众取得了十月革命的伟大胜利。

十月革命的胜利，开辟了人类历史的新纪元，具有伟大的历史意义。从俄国来看，十月革命是俄国历史上一次最深刻的社会革命。将俄国亿万工农劳动大众从资本主义和封建主义的剥削和压迫中解放了

致敬经典

《我们的纲领》

《我们的纲领》是列宁1899年在喀山流放期间为《工人报》写的一组文章中的其中一篇。由于《工人报》复刊未成，这组文章当时没有发表。第一次发表是列宁去世后的第2年即1925年，载于当年的《列宁文集》第三卷。该文不长，仅2000多字，7个自然段，但涉及有关马克思主义的基本问题较多且极其重要，中心思想主要阐述了如何正确对待马克思主义的问题，批判所谓马克思主义不完备和过时了的论调，同时驳斥了修正主义者把坚持马克思主义说成是教条主义的无理攻击，强调必须创造性地对待马克思主义。列宁还指出，马克思的理论所提供的只是一般的指导原理，应用这些原理要结合各国的具体实践。马克思主义者如果不愿落后于实际生活，就应当在各方面把这门科学推向前进。

①《列宁选集》第四卷，人民出版社2012年版，第778页。

出来，建立了世界上第一个无产阶级领导的、以工农联盟为基础的、各民族平等的社会主义国家，同时为把一个小农经济占优势的落后的俄国建设成为一个先进的、现代化的社会主义工业强国奠定了政治基础和制度基础。从国际来看，十月革命打破了资本主义试图一统天下的局面，向世界宣告了一个新的时代——由资本主义向社会主义过渡的时代的到来。十月革命是科学社会主义的伟大胜利，是马克思主义的伟大胜利，彰显了马克思主义世界观和方法论的真理性力量，正如列宁在《我们的纲领》一文中提出，我们必须科学地创造性地对待马克思主义。同时，他也反复强调，马克思主义只是总的指导原理，绝不能把马克思主义看作某种一成不变的和神圣不可侵犯的东西。恰恰相反，我们应当依据不同的实际情况，具体地灵活地运用马克思主义。在批判修正主义和俄国背离马克思主义的种种错误思潮和倾向的斗争中，列宁就多次强调“马克思主义不是死的教条，不是什么一成不变的学说，而是活的行动指南”[①]。正是这“活的行动指南”，在新的时代背景和历史条件下，列宁创造性地运用马克思主义的科学世界观和方法论来分析俄国问题和指导俄国革命，领导俄国无产阶级和广大劳动人民成功地实现了社会主义革命，实现了人类历史上一个伟大的创举，把科学社会主义事业推向了世界历史的前沿。

①《列宁选集》第二卷，人民出版社2012年版，第281页。

第四章

毛泽东对马克思主义世界观和方法论的创新

毛泽东是马克思主义中国化理论事业的伟大开拓者，在运用马克思主义指导中国革命、解决中国问题上作出了卓著贡献，开辟了马克思主义在中国发展的宽广道路。毛泽东对马克思主义世界观和方法论的继承、发展和创新，奠定了后来马克思主义中国化时代化的基本原则和理论基础，是夺取中国革命胜利、进行社会主义革命和建设、开创中国特色社会主义伟大事业的重要保证。

一

初识马克思主义世界观和方法论

毛泽东对马克思主义世界观和方法论的认识经历了一个历史过程。

▶《新青年》杂志

1893 年 12 月 26 日，毛泽东出生于湖南省湘潭县韶山冲。他幼时就读于私塾，积淀了较为深厚的传统文化根基。1914 年至 1918 年，毛泽东在湖南省立第一师范学校读书，在这里，他对社会科学表现出浓厚的学习兴趣，尤为关注国家大事。他每天都花大量时间阅读报纸、杂志和各种书籍，是《新青年》的热心读者。1936 年，毛泽东在同斯诺的谈话中说：“《新青年》是有名的新文化运动的杂志，由陈独秀主编。我在师范学校学习的时候，就开始读这个杂志了。”[①] 为交到志同道合的朋友，毛泽东以“二十八画生”之名，向长沙各校发出征友启事。经过长期的访求和耐心的启发，他逐渐在自己的周围团结了一批追求进步、志同道合的青年。他们经常在一起讨论

①［美］埃德加·斯诺：《西行漫记》，董乐山译，东方出版社 2010 年版，第 139 页。

“个人及全人类的生活向上”等奋斗的和向上的人生观，为了进一步“求友互助”，毛泽东、蔡和森、萧子升等发起建立了新民学会，旨在“革新学术，砥砺品行，改良人心风俗”[①]。

在湖南第一师范学校求学期间，毛泽东还进行了大量的社会调研，他认为读“无字之书”比读“有字之书”要重要得多。1917年暑假，毛泽东邀请友人萧子升外出游学，他们分文未带，走了900多里路，对湖南长沙、宁乡、安化、益阳、沅江5个县进行了“游学”式考察，沿途接触到各阶层的人，这些经历使毛泽东对底层社会的风土民情有了深刻感触。次年春天，他又和蔡和森外出游历了半个多月。这种深入调查研究的作风，对于后来毛泽东继承和发展马克思主义世界观和方法论具有重要意义。

1918年8月，毛泽东为组织湖南青年赴法国勤工俭学的事宜来到北京。在杨昌济的推荐下，毛泽东认识了时任北大图书馆主任的李大钊，李大钊安排他到图书馆担任助理员。北京大学是新文化运动的发源地和中心，各种社会思潮激烈碰撞，时事政治的讨论尤为激烈，这对毛泽东的思想产生了剧烈冲击。他聆听过蔡元培、胡适等新文化运动先驱的讲演，参加了北大的哲学会、道德学会、新闻学研究会等诸多学术团体，第一时间学习了李大钊的《庶民的胜利》和《布尔什维主义的胜利》，开始具体地了解十月革命和马克思主义。在李大钊的影响下，毛泽东的思想迅速地朝着马克思主义的方向发展。

五四运动爆发后，各地进步知识分子和青年学生纷纷办报办刊，宣传革命思想。湖南省学联创办了《湘江评论》，邀请毛泽东担任主编和主要撰稿人。这个刊物虽然仅仅出版了5期就遭到湖南军阀张敬

---

① 中共中央文献研究室编：《毛泽东年谱（1893—1949）（修订本）》上卷，中央文献出版社2013年版，第34页。

尧的查禁，但影响很大，特别是毛泽东撰写的《民众的大联合》，被胡适评议为“眼光很远大，议论也很痛快”[①]。在这篇文章中，毛泽东热情颂扬了俄国十月革命的胜利，“俄罗斯打倒贵族，驱逐富人，劳农两界合立了委办政府，红旗军东驰西突，扫荡了多少敌人，协约国为之改容，全世界为之震动”[②]。从世界观的视角来看，毛泽东在俄国十月革命中看到了群众的力量，他充分肯定了群众在十月革命胜利中所发挥的重要作用。与此相比较，他总结辛亥革命失败的教训时指出，“辛亥革命，乃留学生的发踪指示，哥老会的摇旗唤呐，新军和巡防营一些丘八的张弩拔剑所造成的，与我们民众的大多数，毫没关系”[③]。在这里，他已经清楚地指出辛亥革命的失败是由于缺乏群众的支持和参与。经过五四运动的革命洗礼，毛泽东认为只有“民众的大联合”才是改造国家和改造社会的根本方法。这是毛泽东世界观的一个重要转变，由于有了这个认识，他对革命的前途也就充满了信心：“我们中华民族原有伟大的能力！压迫愈深，反动愈大，蓄之既久，其发必速。”“我们总要努力！我们总要拼命的向前！我们黄金的世界，光华灿烂的世界，就在前面！”[④]

1919 年 12 月，毛泽东率领驱张（张敬尧）请愿团赴京，进一步揭露张敬尧的罪恶，希望得到全国舆论和社会各界的支持。毛泽东后来回忆说：“我第二次到北京期间，读了许多关于俄国情况的书。我热心地搜寻那时候能找到的为数不多的用中文写的共产主义书籍。有

---

① 中共中央文献研究室编:《毛泽东年谱（1893—1949）（修订本）》上卷，中央文献出版社 2013 年版，第 43 页。

② 中共中央文献研究室编:《毛泽东年谱（1893—1949）（修订本）》上卷，中央文献出版社 2013 年版，第 42 页。

③ 中共中央文献研究室编:《毛泽东年谱（1893—1949）（修订本）》上卷，中央文献出版社 2013 年版，第 42 页。

④《中国共产党重要文献汇编》第一卷，人民出版社 2022 年版，第 140 页。

致敬经典

《共产党宣言》

《共产党宣言》是马克思和恩格斯为共产主义者同盟起草的纲领，首次于 1848 年 2 月 21 日在伦敦以单行本问世；1848 年 2 月 24 日《共产党宣言》正式出版；1920 年 8 月首次出版中文全译本。《共产党宣言》贯穿马克思主义的历史观，包括引言和正文四章。七篇序言简要说明《共产党宣言》的基本思想及其在国际共产主义运动中的历史地位，指明《共产党宣言》的理论原理是历史唯物主义，全面系统阐述科学社会主义理论，指出共产主义运动将成为不可抗拒的历史潮流。《共产党宣言》已被译为 200 多种文字，在整个人类思想史上占据着重要地位。

《阶级斗争》

《阶级斗争》是德国社会民主党领导人考茨基著《爱尔福特纲领解说》的中译本，译者恽代英。1910 年美国芝加哥 Charles H.Kerr&Company 出版英译本时直接将书名取为《阶级斗争》，而把“爱尔福特纲领”放在括弧里作为副标题处理，即 The Class Struggle (Erfurt Program)。恽代英用 4 个月的时间翻译了这部著作，将书名译为《阶级斗争》，将作者名译为“柯祖基”，寄陈独秀安排出版。1921 年年初作为新青年丛书第 8 种在上海出版，1926 年 4 月再版。该书把内容分为：第一章小生产制的经过、第二章劳动阶级、第三章资本阶级、第四章未来的共同生活、第五章阶级争斗。《阶级斗争》对资本主义社会的各种矛盾作了比较深刻的分析，论证了社会主义制度取代资本主义制度的历史必然性，也对未来的社会主义社会和共产主义社会作了展望和描绘。

致敬经典

《社会主义史》

1875年至1889年，柯卡普曾参与第9版《不列颠百科全书》中“社会主义”词条的修订，《社会主义史》就是在此基础上撰写而成的。该书初版于1892年，曾于1900年、1906年、1909年出版了第2版至第4版。第4版的序中，柯卡普说他撰写该书有两个主要目的：一是叙述社会主义发展的历史，二是对社会主义运动作一种概括的批评和解释。柯卡普去世后，该书经修订，在1913年出版了第5版，主要补充了1892年后的20年间各国社会主义运动的具体情况。全书从圣西门、傅立叶、欧文的空想社会主义开始，随后论述了一战前夕欧洲主要国家以及美国和日本等国社会主义运动的情况，其中也评介了马克思的科学社会主义学说以及在科学社会主义影响下的国际社会主义运动。

三本书特别深地铭刻在我的心中，建立起我对马克思主义的信仰。我一旦接受了马克思主义对历史的正确解释以后，我对马克思主义的信仰就没有动摇过。这三本书是：《共产党宣言》，陈望道译，这是用中文出版的第一本马克思主义的书；《阶级斗争》，考茨基著；《社会主义史》，柯卡普著。”[①] 接着，毛泽东又赴上海拜访了陈独秀，和陈独秀讨论了他读过的马克思主义著作，在陈独秀的帮助和影响下，毛泽东对马克思的科学社会主义学说的理解又有了进一步的提高和加深。

①［美］埃德加·斯诺：《西行漫记》，董乐山译，东方出版社2010年版，第147页。

▶ 陈望道翻译《共产党宣言》

1920年夏天，在法国勤工俭学的新民学会会员在蒙达尼开会，讨论如何改造中国与世界的道路，会上出现了以蔡和森为代表的激烈派和以萧子升为代表的温和派的争论。双方关于革命还是改良的问题争执不下，便决定写信征求毛泽东的意见。蔡和森在给毛泽东的信中明确提出中国必须走社会主义道路，而“阶级战争——无产阶级专政”是实现“社会主义之必要方法”，他还建议毛泽东要尽快“组织党——共产党”。萧子升则“颇不认俄式——马克思式——革命为正当，而倾向于无政府——蒲鲁东式——之新式革命”[①]，主张以教育为工具。两人争论的实质其实是革命与改良的道路选择。毛泽东经过深思熟虑，表示“对于和森的主张，表示深切的赞同”[②]。这是因为，任何专制统治者都不会自动退出历史舞台。近代以来，中国不断向西方学习，但始终无法摆脱被侵略的命运。因此，改良的道路在中国是行不通的。“俄国式的革命，是无可如何的山穷水尽诸路皆走不通了的一个变计，并不是有更好的方法弃而不采，单要采这个恐怖的方法。”[③] 现实斗争的残酷性和对马克思列宁主义学习研究的深入，使毛泽东的选择逐渐明朗，他终于认识到俄国革命道路才

①《毛泽东书信选集》，中央文献出版社2003年版，第3页。
②《毛泽东书信选集》，中央文献出版社2003年版，第6页。
③《毛泽东书信选集》，中央文献出版社2003年版，第4页。

是真正适合中国的选择。毛泽东回忆说："到了1920年夏天，在理论上，而且在某种程度的行动上，我已成为一个马克思主义者了，而且从此我也认为自己是一个马克思主义者了。"[1] 1921年元旦，新民学会在长沙召开新年大会，毛泽东在会上进一步表明了他赞成无产阶级革命和无产阶级专政的理论，认为"激烈方法的共产主义，即所谓劳农主义，用阶级专政的方法，是可以预计效果的，故最宜采用"[2]。1月21日，毛泽东在给蔡和森的复信中说，"唯物史观是吾党哲学的根据"[3]。这就更进一步表明自己的马克思主义信仰。青年毛泽东的思想发展历程以及他的行动表明，1919年冬的第二次北京之行，是毛泽东思想转变的"关键期"。毛泽东经过理论上和实践上的反复比较和鉴别，终于把马克思主义与其他学说区别了出来，与无政府共产主义、空想社会主义、改良主义等其他社会思潮进行了彻底决裂，坚定地走上了马克思的科学社会主义道路，并形成了对马克思主义世界观和方法论的初步理解，实现了思想上向马克思主义和共产主义的转型。

1921年6月29日，毛泽东和何叔衡作为湖南共产主义组织的代表，离开长沙赴上海参加中国共产党第一次全国代表大会。党的一大确定了党的奋斗目标为无产阶级与革命军队一起推翻资产阶级，承认无产阶级专政，消灭社会的阶级区分等。中国共产党成立后，积极投身革命活动，在马克思主义指导下开展工人运动和农民运动，掀起了工人罢工的高潮。然而，由于帝国主义势力的强大、帝国主义和封建势力的勾结，党的出版物不断遭到查禁，党领导的工人运动惨遭镇压。这些残酷的事实说明，在半殖民地半封建社会的中国，单纯依靠

①[美]埃德加·斯诺：《西行漫记》，董乐山译，东方出版社2010年版，第147页。

②《毛泽东文集》第一卷，人民出版社1993年版，第2页。

③《毛泽东书信选集》，中央文献出版社2003年版，第11页。

工人阶级的力量是不够的，党应该采取积极的步骤去联合孙中山领导的国民党，建立工人阶级和民主力量的联合战线。

1923 年 6 月，党的三大确定了全体共产党员以个人名义加入国民党，与国民党建立革命统一战线的方针。1924 年 1 月 20 日至 30 日，国民党第一次全国代表大会在广州召开，大会重新解释了三民主义，通过了以反帝反封建为主要内容的宣言，确定了联俄、联共、扶助农工的三大政策，从而把旧三民主义发展为新三民主义，奠定了国共合作的政治基础。第一次国共合作统一战线的建立，推动了全国反帝反封建运动的蓬勃发展，使帝国主义封建军阀以及买办资产阶级等反动势力害怕起来，他们勾结国民党右派，开始一步步扼杀革命事业。在统一战线内部，以蒋介石为代表的国民党新右派开始进行反革命的阴谋活动，邹鲁、谢持等国民党右派分子公开反共反革命。在严峻的形势面前，党内存在两种倾向，第一种倾向是以陈独秀为代表的右倾机会主义，只注意同国民党合作，忘记了农民；第二种倾向是以张国焘为代表的“左”倾机会主义，只注意工人运动，同样忘记了农民。“这两种机会主义都感觉自己力量不足，而不知道到何处去寻找力量，到何处去取得广大的同盟军。”[①] 为了纠正党内理论策略上的失误，进一步明确中国革命的对象、任务、动力、前途，分清敌、我、友，1925 年 12 月，毛泽东撰写了《中国社会各阶级的分析》一文，对我国社会各阶级进行了全面深入的科学分析。

毛泽东在《中国社会各阶级的分析》中一针见血地指出了革命的首要问题就是“谁是我们的敌人？谁是我们的朋友？”正是在这个问题上，我们的革命者长期认识不清、把握不准，“不能团结真正的朋友，以攻击真正的敌人”，导致“中国过去一切革命斗争成效甚

---

①《毛泽东选集》第一卷，人民出版社 1991 年版，第 3 页。

少”。[①] 这个问题难以准确把握的原因，是中国阶级关系的复杂多变。由于外国资本主义的入侵，破坏了中国自给自足的自然经济基础，但也刺激了中国城乡商品经济的发展，使中国的阶级关系发生了深刻变动。同时，由于中国半殖民地半封建的社会性质以及帝国主义的入侵和封建主义的压迫，使得中国的阶级关系更加复杂多变，资产阶级和工人阶级之间并不是简单的对抗关系，农民阶级也并非完全没有革命性，因此，靠背诵马克思主义阶级斗争理论是不能够解决中国特殊问题的。首先，中国的资产阶级成分复杂，经济地位不同，革命性也不同。帝国主义的入侵，在中国造成买办资产阶级的同时，又刺激了民族资本主义的发展，形成了中国的民族资产阶级。其中，买办资产阶级“代表中国最落后的和最反动的生产关系，阻碍中国生产力的发展。……他们始终站在帝国主义一边，是极端的反革命派”[②]。民族资产阶级虽然具有一定的革命性，但却是矛盾的和不彻底的，“他们在受外资打击、军阀压迫感觉痛苦时，需要革命，赞成反帝国主义反军阀的革命运动；但是当着革命在国内有本国无产阶级的勇猛参加，在国外有国际无产阶级的积极援助，对于其欲达到大资产阶级地位的阶级的发展感觉到威胁时，他们又怀疑革命。其政治主张为实现民族资产阶级一阶级统治的国家”[③]。他们的革命性是可以利用的，软弱性和妥协性则是需要改造的。因此，对于民族资产阶级，不能一棍子打死，既不能完全排斥在革命战线外，也不能把革命领导权拱手让之，要采取既联合又斗争的策略。其次，毛泽东明确提出和论证了无产阶级对中国革命的领导权问题。中国的无产阶级虽然在数量上无法与西方国家相比，革命斗争经验

①《毛泽东选集》第一卷，人民出版社 1991 年版，第 3 页。

②《毛泽东选集》第一卷，人民出版社 1991 年版，第 4 页。

③《毛泽东选集》第一卷，人民出版社 1991 年版，第 4 页。

也不多，但是他们集中且经济地位低下，他们除了出卖自身的劳动力外，一无所有，而且他们深受帝国主义、封建军阀和资产阶级的残酷压榨，所以他们的革命性最坚决最彻底。因此，“工业无产阶级人数虽不多，却是中国新的生产力的代表者，是近代中国最进步的阶级，做了革命运动的领导力量”[①]。最后，毛泽东还分析了农民阶级的革命性。马克思主义认为，农民占有一定的生产资料，他们保守、落后、愚昧无知，陈独秀也认为中国“农民居处散漫势力不易集中，文化低生活欲望简单易于趋向保守”[②]，但毛泽东却全面分析了农民的生产状况和革命性，他认为中国的农民问题主要是半自耕农和贫农，他们同属半无产阶级。半自耕农每年有一半粮食不够吃，必须靠出卖劳动力或者租借；贫农深受地主剥削，在战乱动荡的旧中国，他们负担尤重，生活艰苦，“极易接受革命的宣传”[③]。因此，农民阶级并非总是拖革命后腿的，相反，在中国特殊的历史条件下，农民特别是贫农具有极高的革命性。

毛泽东具体剖析了各阶级的经济状况和他们对革命的态度，最后得出结论：“一切勾结帝国主义的军阀、官僚、买办阶级、大地主阶级以及附属于他们的一部分反动知识界，是我们的敌人。工业无产阶级是我们革命的领导力量。一切半无产阶级、小资产阶级，是我们最接近的朋友。那动摇不定的中产阶级，其右翼可能是我们的敌人，其左翼可能是我们的朋友——但我们要时常提防他们。”[④] 毛泽东从经济社会结构关系的角度出发，把中国社会各阶级分为地主阶级和买办阶级、中产阶级、小资产阶级、半无产阶级、无产阶级和游民无产者等

①《毛泽东选集》第一卷，人民出版社 1991 年版，第 8 页。
②《陈独秀文集》第二卷，人民出版社 2013 年版，第 497 页。
③《毛泽东选集》第一卷，人民出版社 1991 年版，第 7 页。
④《毛泽东选集》第一卷，人民出版社 1991 年版，第 9 页。

几个部分，由此区分出了革命要团结的朋友和斗争的对象。同时，他还根据各阶级内部不同群体占有生活生产资料的多寡进行了进一步的阶级划分，剖析了各个不同的阶级对于中国革命的态度，在理论上初步厘清了革命的前途、动力、对象及领导者这一系列问题，为新民主主义革命道路和革命策略的制定奠定了理论基础，也展现出毛泽东和中国共产党运用马克思主义世界观和方法论分析中国革命问题形成的认识的真理力量。

真理的被认同与真理的被认识一样，同样是曲折复杂的。毛泽东的建议并未被当时的中共中央所认可和接受，虽然党在会议上多次强调："农民斗争的奋起，是国民革命成功所必不可少的条件，是工人阶级最需要最靠得住的同盟军。"[①] 然而，当理论在走向现实和塑造现实时，农民运动的蓬勃发展却遭到了党内以陈独秀为首的右倾机会主义者的反对，他们担心农民运动的发展不仅无法推翻地主阶级、反动军阀的统治，反而会破坏国共合作统一战线。因此，各地风起云涌的农民运动遭到了诘难，他们指责农民运动"过火""过于'左'倾"，给农民运动泼冷水。为了考察农民运动的真实情况，1927 年 1 月，毛泽东亲自到湖南农村做了 32 天的考察工作，他实地考察了湘乡、湘潭、衡山、醴陵、长沙五县的农民运动情况，每到一地，他都"召集有经验的农民和农运工作同志开调查会，仔细听他们的报告，所得材料不少"[②]。2 月 16 日，毛泽东就考察湖南农民运动的情况写报告给中共中央，报告指出："在各县乡下所见所闻与在汉口在长沙所见所闻几乎全不同，始发见从前我们对农运政策上处置上几个颇大的错误点。党对农运的政策，应注意以'农运好

① 中共中央文献研究室、中央档案馆编：《建党以来重要文献选编（1921—1949）》第三册，中央文献出版社 2011 年版，第 106 页。

②《毛泽东选集》第一卷，人民出版社 1991 年版，第 12 页。

得很’的事实，纠正政府、国民党、社会各界一致的‘农运糟得很’的议论；以‘贫农乃革命先锋’的事实，纠正各界一致的‘痞子运动’的议论；以从来并没有什么联合战线存在的事实，纠正农协破坏了联合战线的议论。”[①] 这些基本观点构成了《湖南农民运动考察报告》的主要内容。

●致敬经典

《中国社会各阶级的分析》

《中国社会各阶级的分析》是毛泽东于1925年12月在《革命》半月刊上发表的一篇文章。1926年2月和3月《中国农民》《中国青年》先后转载了此文。毛泽东通过对各阶级的分析和结论初步形成了无产阶级领导之下的人民大众的、反帝反封建的新民主主义革命总路线的基本思想，并有力地批驳了国民党右派的谬论，批评了党内的“左”倾、右倾错误倾向。

《湖南农民运动考察报告》

《湖南农民运动考察报告》是毛泽东于1927年3月，为了回答当时党内外对于农民革命斗争的责难而写的。为此，毛泽东专程到湖南做了32天的考察。全文用大量的事例就农民问题的严重性；组织起来；打倒土豪劣绅，一切权力归农会；“糟得很”和“好得很”；所谓“过分”的问题；所谓“痞子运动”；革命先锋；十四件大事8个问题进行了阐述。

---

① 中共中央文献研究室编：《毛泽东年谱（1893—1949）（修订本）》上卷，中央文献出版社2013年版，第179页。

在《湖南农民运动考察报告》中，毛泽东进一步详细考察了不同状况的农民对待革命的态度。富农思想顽固，态度消极，他们是抵触革命的；中农的态度是游移的，当革命对他们有好处时，他们才愿意参加农会，他们比富农表现好，但也不是很积极；贫农才是革命的先锋，在很短的时间内，几万万农民运动兴盛起来，“其势如暴风骤雨，迅猛异常，无论什么大的力量都将压抑不住”[①]。毛泽东指出贫农终年在劳碌愁苦中过生活，因而革命性最强，斗争最彻底。他们“从政治上把地主阶级特别是土豪劣绅的威风打下去，即是从农村的社会地位上把地主权力打下去，把农民权力长上来”[②]，建立了农民自己做主的组织——农民协会。农民协会通过清算、罚款、戴高帽子游乡、驱逐甚至枪毙等把土豪劣绅、贪官污吏孤立起来，在经济上打击地主，减轻农民负担；他们甚至还建立了自己的革命武装——梭镖队，清除匪患；推翻县官老爷衙门差役的政权；推翻祠堂族长的族权和城隍土地菩萨的神权乃至丈夫的男权；禁止打牌、赌博和吸食鸦片等社会恶习；他们甚至还开办了学堂，发展文化运动等。在农会兴盛的地方，“牌赌禁绝，盗匪潜踪。有些地方真个道不拾遗，夜不闭户”[③]。毛泽东把农村发生的根本性变化得益于农民协会的建立，他预言：“他们将冲决一切束缚他们的罗网，朝着解放的路上迅跑。一切帝国主义、军阀、贪官污吏、土豪劣绅，都将被他们葬入坟墓。”[④] 那些指责农民运动“糟得很”“痞子运动”的人，完全是站在土豪劣绅的立场上打击农民的积极性，他们试图保存封建旧秩序，阻碍建设民主新秩序。由此，毛泽东指出，是否支持农民运动，是判断革命立场的关键因素。

①《毛泽东选集》第一卷，人民出版社 1991 年版，第 13 页。
②《毛泽东选集》第一卷，人民出版社 1991 年版，第 23 页。
③《毛泽东选集》第一卷，人民出版社 1991 年版，第 22 页。
④《毛泽东选集》第一卷，人民出版社 1991 年版，第 13 页。

毛泽东通过实际调查不仅有力地回击了国民党右派的攻击，更重要的是进一步分析了农民特别是贫农的革命性，从实践上肯定了农民的革命性，他强调："没有贫农，便没有革命。若否认他们，便是否认革命。若打击他们，便是打击革命。"① 此外，在农民协会的革命运动中，毛泽东充分认识到暴力革命的至关重要性，指出："革命不是请客吃饭，不是做文章，不是绘画绣花，不能那样雅致，那样从容不迫，文质彬彬，那样温良恭俭让。革命是暴动，是一个阶级推翻一个阶级的暴烈的行动。"② 毛泽东对中国革命各阶级的科学分析以及他对马克思主义暴力革命学说的深刻认识是十分重要的，这是党在后来土地革命时期路线的调整的重要理论依据，也为进一步深化对马克思主义世界观和方法论的认识和把握，探索走上一条不同于苏联革命道路的中国特色革命道路提供了重要理论基础。

二

《反对本本主义》：马克思主义世界观和方法论的理论觉醒

在中国共产党运用马克思主义世界观和方法论的历史进程中，毛泽东1930年的《反对本本主义》这一论著具有重要意义，意味着中国共产党完成了对大革命失败的初步哲学总结，也意味着中国共产

①《毛泽东选集》第一卷，人民出版社1991年版，第21页。
②《毛泽东选集》第一卷，人民出版社1991年版，第17页。

党的马克思主义世界观和方法论开始走向觉醒。周恩来曾评价《反对本本主义》一文说："讲的是世界观，也是方法论。我们要以辩证唯物主义和历史唯物主义的观点来读它。"[①] 这深刻表明了《反对本本主义》在马克思主义哲学史上的重要地位。

大革命失败后，中国政治形势波谲云诡，政治环境极为恶劣，中国共产党遭遇严重生存危机。据不完全统计，从 1927 年 3 月到 1928 年上半年，被杀害的共产党员和革命群众达 31 万多人，其中共产党员 2.6 万多人。革命形势的急转直下，吓退了一些意志不坚定的分子，他们悲观动摇，甚至出卖同志，成为可耻的叛徒，在极其险恶的局势下，中国共产党敢不敢革命、怎样革命

致敬经典

《反对本本主义》

《反对本本主义》是毛泽东于 1930 年 5 月，为反对当时红军中教条主义思想所写，原篇名为《调查工作》。后该文遗失，20 世纪 60 年代初期，该文被重新发现后，毛泽东作了部分文字的修订和内容上的补充，题目改为《反对本本主义》。《反对本本主义》是毛泽东在面对共产国际的错误指挥和党内"左"倾之风盛行的形势下，根据中国革命实际和根据地斗争实践写下的篇章，有力地剖析和抨击了当时党内存在的"唯书""唯上"的教条主义思想，充分体现了实事求是、一切从实际出发、理论联系实际的思想，展现了毛泽东思想活的灵魂，是毛泽东思想开始形成的重要标志。直到今天，《反对本本主义》所强调的调查研究和调查方法依然具有十分重要的指导意义。

①《周恩来选集》下卷，人民出版社 1984 年版，第 313 页。

成为亟须回答的重大课题。

1927 年 8 月 7 日，中共中央在汉口召开紧急会议，确立了实行土地革命和武装反抗国民党反动派的总方针。会后，按照中央指示，毛泽东和彭公达一起回到湖南，领导秋收起义，准备进攻长沙。然而由于敌人力量过于强大，加之我方兵力分散、对敌情估计不足、缺乏作战经验等，先后遭受很大损失。在这种情况下，毛泽东主张把起义军转移到敌人统治力量薄弱的湘赣边界的农村山区，寻找落脚点，这一决定实质上成为中国革命“从进攻大城市转到向农村进军的新起点”[①]。向农村进军虽然保存并壮大了红军的力量，开辟了中国革命的新道路，但它被认可和接受却是十分曲折的。

一方面，“向农村进军”与当时“左”倾中央的“城市中心论”背道而驰，毛泽东因此多次受到上级的批评。以城市为革命中心、以工人阶级为革命主体、以武装起义为革命方式、以夺取城市为革命目标是“城市中心论”的主要特征，这是一条被俄国十月革命所证实的正确道路，也是绝大多数信仰马克思主义的人认为的无产阶级革命的必然道路。即使大革命失败后，党领导的工会会员由高潮时期的 280 余万人减至几万人，农民协会大多被解散。在工人罢工基本都失败的情况下，中央却并未放弃“左”的“城市中心论”。相反，由于革命形势的低潮和革命士气的低落，中央急于通过组织全国各地的暴动，以求打开一个新局面，因此，不顾敌我双方的巨大差距，策划了湖南、湖北、广东等多地的武装暴动，但是这些起义基本都失败了。然而，中共中央并没有意识到革命形势已经转入低潮，只是“片面的看到敌人统治的摇动，或只看到群众有革命的要

① 中共中央文献研究室编:《毛泽东年谱（1893—1949）（修订本）》上卷，中央文献出版社 2013 年版，第 217 页。

求，或只看到乡村争斗的发展，或只看到一地方争斗之急进，便认为全国革命潮流是一直高涨，可以即刻暴动”[①]。1928年3月，中共湘南特委的代表来到井冈山，贯彻中央的“左”倾盲动政策，指责以毛泽东为书记的前委“工作太右”“烧杀太少”，命令工农红军“离开井冈山根据地，去支援湘南暴动”[②]。结果大败，还使井冈山根据地陷入“白色恐怖”之中。此后，毛泽东、朱德等吸取革命教训，迂回避开了“左”倾政策，使得农村革命根据地日渐恢复和发展，党领导的革命力量相较于党的六大召开时已经有了很大发展。革命运动的复兴，再次使党内很多人又对革命形势作出过高估计，认为革命高潮即将到来。1930年6月11日，中央政治局通过《新的革命高潮与一省或几省的首先胜利》，决议要求：“加紧组织群众的政治斗争，加紧宣传武装暴动夺取政权的必要。注意促进全国革命高潮，注意武装暴动的组织上和技术上的准备，注意布置以武汉为中心的附近省区首先胜利，是目前党的策略总路线。”[③] 6月15日，中共中央致信红四军前委，批评毛泽东等“现在完全反映着农民意识，在政治上表现出来机会主义的错误”，提出“现在红军的任务，不是隐避于农村中作游击战争，它应当积极进攻，争取全国革命的胜利”[④]。中央要求红军积极攻打南昌，然而南昌城区敌军作战力强，且占据地理优势，我军进攻几乎没有胜算。在这种情况下，毛泽东致信中共中央，“若直进南昌，则敌人主力没有消灭且在我军后，南

① 中共中央文献研究室、中央档案馆编：《建党以来重要文献选编（1921—1949）》第五册，中央文献出版社2011年版，第311页。

② 中共中央文献研究室编：《毛泽东年谱（1893—1949）（修订本）》上卷，中央文献出版社2013年版，第234页。

③ 中共中央文献研究室、中央档案馆编：《建党以来重要文献选编（1921—1949）》第七册，中央文献出版社2011年版，第268页。

④ 中共中央文献研究室编：《毛泽东年谱（1893—1949）（修订本）》上卷，中央文献出版社2013年版，第308页。

昌又四面皆水，于势不利”[①]，以实际行动抵制了攻打中心城市的军事冒险主义，避免了硬攻的伤亡。然而，由于“避敌主力、诱敌深入”的游击战术与当时中央强硬要求进攻城市的战略是背离的，毛泽东遭到排挤和撤职。

另一方面，红军内部一些人对“向农村进军”是否有前途产生怀疑，出现了“红旗到底打得多久”的疑问。井冈山地区，虽然国民党统治力量薄弱且地势险要，但却远离城市，物质贫乏，很多红军将士很不习惯。再加上频繁的战争减员，疾病丛生，战事紧急，致使少数意志薄弱者对革命前途感到悲观失望。1927年10月，工农革命军第一军第一师师长余洒度、原三团团长苏先俊以向中共湖南省委汇报为名，脱离队伍。12月，工农革命军第一团团长陈浩公开声称工农革命军没有前途，企图投靠国民党军，被毛泽东发现并及时制止。此外，共产国际也不看好红军运动。在1928年召开的党的六大上，共产国际执委会主席布哈林认为红军“只能分散存在，如果集中，则会妨害老百姓利益，会把他们最后一只老母鸡吃掉”。因此，他主张“不要将红军聚到一个地方，最好将他分成几个部分。……分聚到各地方，经相当的时间再转一个地方，到这个地方住一些时，杀一杀土豪劣绅，吃一吃饭，喝一喝鸡汤，再到另外一个地方。到另外的区域中，还是照样的杀土豪，吃鸡”[②]。受共产国际影响，1929年，中共中央致信毛泽东、朱德，强调城市工作的重要性，对在农村的红军前途作了悲观的分析，要求红四军“有计划地有关联地将红军的武装力量分成小部队的组织，散入湘赣边境各乡村中进行和深入土地革命”，

---

①中共中央文献研究室编：《毛泽东年谱（1893—1949）（修订本）》上卷，中央文献出版社2013年版，第311页。

②中共中央党史研究室、中央档案馆编：《中国共产党第六次全国代表大会档案文献选编》，中共党史出版社2022年版，第622页。

以“避免敌人的消灭”，甚至要求“朱毛两同志有离开部队来中央的需要”[①]。这种悲观论调对红四军产生了消极影响，时任红四军一纵队司令的林彪，“认为在距离革命高潮尚远的时期做这种建立政权的艰苦工作为徒劳，而希望用比较轻便的流动游击方式去扩大政治影响”[②]。1930 年 1 月，林彪在写给毛泽东的信中，再次流露出严重的悲观看法，认为“根据地的红旗打不了多久”，不赞同去做创建农村革命根据地的工作。当时，这种悲观情绪颇有代表性，成为中国革命继续发展的严重思想障碍。

为了鼓舞士气，帮助红军建立科学认识，毛泽东先后在中共湘赣边界第二次代表大会上、给中共中央的报告以及给林彪的回信中具体阐述了农村包围城市、武装夺取政权的思想。他指出，工农武装割据唯独能够在中国存在，是因为买办豪绅阶级不间断地斗争和分裂，“使一小块或若干小块的共产党领导的红色区域，能够在四围白色政权包围的中间发生和坚持下来”[③]。另外，还有受过民主革命影响的群众、全国革命形势的高涨以及相当力量的正式红军的存在，更重要的是共产党组织的有力量和它的政策的不错误。因为这些因素，党领导的红色区域不断扩大，士兵得到持续补充。虽然从目前来看，我们党的革命力量还不够强大，农村革命根据地比较艰苦，还会遭遇打败仗，或四面被围，或被强敌跟随等困境，从而使一部分人对革命前途悲观，不愿做艰苦的工作去创建农村革命根据地，而希望以比较轻便的流动游击方式去扩大政治影响。毛泽东批评他们只看表象不看实质，“把这种一时的特殊的小的环境，一般化扩大化起来”[④]，没有对局势的发

---

① 中共中央文献研究室、中央档案馆编:《建党以来重要文献选编（1921—1949）》第六册，中央文献出版社 2011 年版，第 36、37 页。

②《毛泽东选集》第一卷，人民出版社 1991 年版，第 97 页。

③《毛泽东选集》第一卷，人民出版社 1991 年版，第 49 页。

④《毛泽东选集》第一卷，人民出版社 1991 年版，第 100 页。

展进行全面的科学的分析。毛泽东详细分析了帝国主义和整个中国的矛盾、帝国主义相互间的矛盾、中国社会各个被压迫阶级与压迫阶级之间的矛盾，在惶惶不可终日的局面下，“中国是全国都布满了干柴，很快就会燃成烈火”①，而革命高潮犹如“躁动于母腹中的快要成熟了的一个婴儿”②，快要到来了。这些论述充分回答了“红旗到底打得多久”的疑问，阐述了中国政治经济发展不平衡的规律和工农武装割据的历史必然性。

这一时期，在确立党对军队绝对领导的过程中，为了解决红四军内不正确的思想，1929 年 12 月，红四军第九次代表大会在福建省龙岩市上杭县古田召开（史称“古田会议”），毛泽东在为大会写的决议中，批评了红四军党内存在的单纯军事观点、极端民主化思想、非组织观点以及主观主义、个人主义等各种错误思想，阐述和规定了红军的性质、任务等，正确解决了以农民为主要成分的革命军队如何建成无产阶级性质的新型人民军队的问题，肃清了红军中旧式军队的影响，使党领导的人民军队完全建立在了马克思主义的基础之上。

无论是主张“城市中心论”的“左”倾主义者，还是对革命前途充满悲观失望的右倾主义者，或是党领导的人民军队中的思想建设问题，都反映了我们党对马克思主义的态度问题，即我们该如何运用马克思主义特别是马克思主义世界观和方法论来指导中国革命实践？毛泽东在《反对本本主义》中初步阐述了马克思主义的世界观和方法论。

在世界观层面上，毛泽东认为实践是认识的来源，没有社会实践就不可能形成正确的认识，提出：“没有调查，没有发言权。”“一切

①《毛泽东选集》第一卷，人民出版社 1991 年版，第 102 页。
②《毛泽东选集》第一卷，人民出版社 1991 年版，第 106 页。

结论产生于调查情况的末尾，而不是在它的先头。"[①] 他批评某些领导干部或巡视员只看表面或枝节就指手画脚，无视实际情况地瞎指挥；还有一些人以为上了书的就是对的，一切按照上级领导机关的指示或本本上的理论，不顾实际情况地套用执行，这两种情况都是离开实际调查去估量政治形势，指导斗争工作，从根本上讲，这就是空洞的唯心主义，不仅无法解决问题，而且一定会把事情搞坏，失去群众。只有开展实际调查，才能洗刷唯心主义，确立起实事求是的思想路线。

从秋收起义到井冈山斗争，再到开辟赣南和闽西革命根据地，党领导的红色区域不断扩大，党的群众基础日益巩固，很重要的原因就是"毛泽东同志每到一地，总是挤出时间做社会调查，以便了解情况，决定政策或检验改进已定的政策。凡是有地方党组织的，都找当地干部谈话，指导他们总结斗争经验，指出当前的任务和工作，着重讲党的政策和策略"[②]。以党领导的土地革命为例，《井冈山土地法》规定"没收一切土地归苏维埃政府所有"[③]，《兴国县土地法》则改为"没收一切公共土地及地主阶级的土地归兴国工农兵代表会议政府所有"[④]，《中华苏维埃共和国土地法》则强调"豪绅地主及反动派的家属，经苏维埃审查，准其在乡居住，又无他种方法维持生活的，得酌量分予田地"[⑤]。对地主的土地政策在不断变化，从不分田到分适量的田，那么为什么要给地主分田呢？毛泽东说："我作了寻乌调查，才弄清了富农与地主的问题，提出解决富农问题的办法，不仅要抽多补

---

①《毛泽东选集》第一卷，人民出版社 1991 年版，第 109、110 页。

②《郭化若回忆录》，军事科学出版社 1995 年版，第 26 页。

③ 中共中央文献研究室、中央档案馆编：《建党以来重要文献选编（1921—1949）》第五册，中央文献出版社 2011 年版，第 814 页。

④ 中共中央文献研究室、中央档案馆编：《建党以来重要文献选编（1921—1949）》第六册，中央文献出版社 2011 年版，第 184 页。

⑤ 中共中央文献研究室、中央档案馆编：《建党以来重要文献选编（1921—1949）》第七册，中央文献出版社 2011 年版，第 759 页。

少，而且要抽肥补瘦，这样才能使富农、中农、贫农、雇农都过活下去。假若对地主一点土地也不分，叫他们去喝西北风，对富农也只给一些坏田，使他们半饥半饱，逼得富农造反，贫农、雇农一定陷于孤立。”① 对实际情况的全面了解和分析，使毛泽东并没有拘泥于教条理论，而是在实际中不断修订完善政策，他认为：“共产党的正确而不动摇的斗争策略，决不是少数人坐在房子里能够产生的，它是要在群众的斗争过程中才能产生的，这就是说要在实际经验中才能产生。因此，我们需要时时了解社会情况，时时进行实际调查。”②

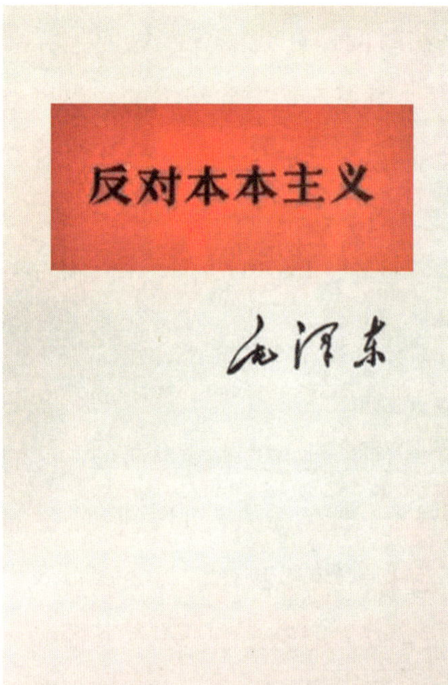

▶《反对本本主义》

在认识论层面上，毛泽东强调要以群众路线的方式进行调查研究。调查研究不能像狗肉账，或者像乡下人上街听故事，漫无目的和方法不当的调查是解决不了实际问题的。毛泽东在《反对本本主义》一文中具体阐述了调查研究的方法、路径和内容。调查农民，既要按照租赁关系调查自耕农、半自耕农和佃农，还要按照阶级区别富农、中农和贫农的具体情况；调查商人成分时，既要按照行业门类了解粮食业、衣服业、药材业等行业的人数，还要按照阶级关系调查小商人、中等商人以及大商人的具体情况。他

① 中共中央文献研究室、中央档案馆编：《建党以来重要文献选编（1921—1949）》第十八册，中央文献出版社 2011 年版，第 602 页。

②《毛泽东选集》第一卷，人民出版社 1991 年版，第 115 页。

强调，在调查过程中要注意工业无产阶级、手工业工人、雇农、贫农、城市贫民、游民、手工业者、小商人、中农、富农、地主阶级、商业资产阶级和工业无产阶级等，尽可能全面了解各个阶级的实际情况。此外，毛泽东还详细阐述了调查的技术，提出要开调查会作讨论式的调查，要根据目的确定调查哪方面的人，要根据能力确定调查人数，要根据纲目进行提问，一定要亲身参加社会的实际调查工作，要深入地而不是蜻蜓点水似的了解问题的实质，还要自己做记录。这些不仅是毛泽东长期调查研究的经验总结，也反映了他实事求是、一切从实际出发的马克思主义世界观和方法论。

事实上，毛泽东早在永新、宁冈做社会调查时就十分注重听取群众的意见。1929 年，他在湖南酃县中村和桂东沙田主持插牌分田运动中，就通过访贫问苦、诉苦会、斗争会发动群众，顺利地开展了分田运动。后来，红军进入闽西长汀县境内后，由于红军以前不曾进入过这样比较繁华的中等城市，很多问题不知道如何解决。毛泽东就在当地党组织的帮助下，邀请长汀城里的钱粮师爷、老衙役、老裁缝、教书先生、佃农、游民等各个阶层的人开座谈会，了解长汀的政治经济情况和风土人情，从而制定了符合实际的城市政策。

事实证明，经过社会调查制定的政策基本上都是正确的，而从主观意愿或者本本主义出发的政策往往都会失败。但这并不意味着马克思主义的本本不要。延安整风运动中，毛泽东不断强调，要打倒本本主义，但把本本留下。马克思主义的本本是要学习的，而问题的关键在于一定要纠正脱离实际情况的本本主义，要与中国的实际情况相结合，方法就是坚持一切从实际出发，进行深入调查研究。由此，毛泽东提出“中国革命斗争的胜利要靠中国同志了解中国情况”[①] 这

①《毛泽东选集》第一卷，人民出版社 1991 年版，第 115 页。

一重要论断。毛泽东对调查研究的重视，生动反映了毛泽东尊重实践、反对迷信的巨大理论勇气，标志着中国共产党运用马克思主义世界观和方法论分析中国革命问题的理论觉醒。

三

《实践论》和《矛盾论》：成熟运用马克思主义世界观和方法论的开始

《反对本本主义》的思想在当时并未被党中央所接受，党内大多数人仍深受“左”倾教条主义思想的束缚。特别是党的六届四中全会上，以王明为代表的“左”倾教条主义在党中央占据了统治地位，推行了一条比以往更加脱离实际、更加激进的革命路线。1931 年 11 月，中央苏区党的第一次代表大会上，毛泽东从实际出发制定的政策遭到全盘否定，被指责是“模糊土地革命中的阶级斗争”[①]，在根据地建设上是右倾保守，在军事斗争上是“游击主义的传统”，这些都是“狭隘经验论”，要求苏区领导人“在实际工作当中，要与一切立三路线影响和党内主要危险——右倾机会主义作最残酷的斗争”[②]。这实际上是在排挤毛泽东在中央苏区红军中的领导地位。

1932 年 10 月，在宁都县境内召开的中共苏区中央局全体会议

① 中共中央文献研究室、中央档案馆编：《建党以来重要文献选编（1921—1949）》第八册，中央文献出版社 2011 年版，第 612 页。

② 中共中央文献研究室、中央档案馆编：《建党以来重要文献选编（1921—1949）》第八册，中央文献出版社 2011 年版，第 639 页。

（史称宁都会议）上毛泽东再次遭到激烈批评。会议贯彻执行临时中央“左”倾冒险主义的进攻路线，要求红军从对敌积极防御的方针改为积极进攻的策略，指责毛泽东对“夺取中心城市”的方针“消极怠工”，是“上山主义”，是“纯粹防御路线”；把他在历次反“围剿”战争中善用的战术“诱敌深入”，指责为“专去等待敌人进攻的右倾主要危险”[①]。会议结束后，毛泽东被解除了军事领导职务，暂时离开了红军。

毛泽东离开后，苏区中央局更加全面贯彻执行了临时中央的“左”倾路线，结果导致第五次反“围剿”的失败。1933 年 9 月，蒋介石调集 100 万军队对革命根据地发动第五次大规模军事“围剿”，其中 50 万军队直接进攻中央革命根据地。鉴于前 4 次军事“围剿”的失败，蒋介石在军事上采取“堡垒主义”和逐步推进的新战术，对根据地实行更严密的经济封锁，在根据地周围实行保甲制度和“连坐法”。此时，王明“左”倾冒险主义的领导和极端错误的战略，已在红军中取得了统治地位。反“围剿”开始后，中共临时中央负责人博古不懂军事，完全依靠德国军事顾问李德，他们摒弃前 4 次反“围剿”取得的经验，实行进攻中的冒险主义，结果屡战不克；后又被敌军优势所吓倒，采取防御中的保守主义，令红军处处设防，不敢主动诱敌深入，聚而歼之。面对敌人的稳扎稳打，“左”倾冒险主义者主张以堡垒对堡垒，然而损失巨大。经一年苦战，红军未能打破敌人“围剿”。“左”倾冒险主义者在撤退中又变成逃跑主义，于 1934 年 10 月仓促决定中央领导机关及红军主力撤出根据地。朱德后来说：“李德顾问来了以后，住在瑞金，不下去调查，靠着地图、电报指挥前方的

---

① 中共中央文献研究室编：《毛泽东年谱（1893—1949）（修订本）》上卷，中央文献出版社 2013 年版，第 389 页。

战斗，而我们在前方最了解情况的人，反而不能指挥，这就有问题嘛。”[①]

战略转移途中，博古、李德依然排斥毛泽东、彭德怀等灵活机动的战略战术的建议，消极避战。在敌人已经获悉行军计划的情况下，仍然坚持与红二、红六军团会合，结果导致湘江战役惨败，红军从出发时的8.6万人锐减为3万多人。1935年1月，中共中央在贵州遵义召开中央政治局扩大会议，总结第五次反“围剿”失败以来的经验教训。会上，毛泽东、张闻天、王稼祥等对“左”倾教条主义进行了猛烈批判，纠正了党在组织上和军事上的错误，确立了以毛泽东为代表的马克思主义的正确路线在中共中央的领导地位，从而在危难关头挽救了党，挽救了红军，挽救了中国革命。

1935年10月，中共中央和中央红军落脚陕北后，开始总结中国革命“两次胜利两次失败”（从大革命的胜利到失败，从土地革命前期和中期的胜利到第五次反“围剿”的失败）的教训。毛泽东认为，哲学认识上的模糊不清是导致错误思想的根本，如果不从哲学上纠正错误的思想认识，改变错误的思想路线，那么同样的错误必定还会再犯。无论是右倾错误还是“左”倾错误，最主要的表现就是唯上、唯书、不唯实，把马克思主义教条化，把共产国际指示神圣化，把苏联经验绝对化。对马克思主义缺乏实事求是的态度，对如何运用马克思主义缺乏科学分析，这一切的根源在于哲学的匮乏。为了揭露党内的教条主义和经验主义并教育全党，毛泽东在党中央于1937年1月进驻延安后，不断加强对哲学的研究。毛泽东在马克思主义哲学的基础上，继承发展中国传统哲学的优秀遗产，总结中国革命的经验教训，从认识论和辩证法相统一的角度，撰写了《辩证法唯物论（讲授提

① 吕黎平:《青春的步履》，解放军出版社1984年版，第113页。

致敬经典

《实践论》

《实践论》，毛泽东于 1937 年 7 月所撰写，他曾以这篇论文的观点在延安的抗日军事政治大学作过讲演。文章是为了用马克思主义的认识论观点揭露党内的教条主义和经验主义特别是教条主义这些主观主义的错误而写的。重点是揭露看轻实践的教条主义这种主观主义。全文论述了实践与认识的关系，指出真理的标准只能是社会的实践，实践的观点是辩证唯物论的认识论之第一和基本的观点。《实践论》是毛泽东关于马克思主义认识论的代表著作，深刻地论述和丰富了马克思主义的认识论，用科学的认识论武装了中国共产党，教育全党树立马克思列宁主义必须同中国实际相结合的观点。

《矛盾论》

《矛盾论》，毛泽东于 1937 年 8 月所撰写，曾在延安的抗日军事政治大学作过讲演。文章是为了克服存在于党内的严重的教条主义思想而写。文章从两种宇宙观、矛盾的普遍性、矛盾的特殊性、主要的矛盾和主要的矛盾方面、矛盾诸方面的同一性和斗争性、对抗在矛盾中的地位、结论等几方面进行了论述。指出事物的矛盾法即对立统一的法则是唯物辩证法最根本的法则，事物发展的根本原因在于事物内部的矛盾性；矛盾存在于一切事物发展的过程中，贯穿每一事物发展过程的始终；矛盾普遍性和矛盾特殊性的关系，就是矛盾共性和个性的关系；事物的性质主要是由取得支配地位的矛盾的主要方面规定的；在同一性中存在着斗争性，在特殊性中存在着普遍性，在个性中存在着共性。文章从方法论上批判了党内的“左”倾、右倾错误思想。

纲)》。提纲整理后，其中的两个重要内容分别以《实践论》和《矛盾论》为名发表。

《实践论》着重从认识和实践的关系阐述了马克思主义的认识论，抓住旧唯物主义和教条主义在认识问题上的致命缺点，集中阐述了认识与实践、知和行的具体的历史的统一性。毛泽东从认识论的角度分析了教条主义的根源在于主观和客观相分裂，认识和实践相脱离。他们既不懂得实践是认识的来源，只有在亲身变革现实的斗争实践中才能理解事物的本质；也不认为实践是检验真理的唯一标准，“判定认识或理论之是否真理，不是依主观上觉得如何而定，而是依客观上社会实践的结果如何而定。真理的标准只能是社会的实践。实践的观点是辩证唯物论的认识论之第一的和基本的观点”[①]。毛泽东认为，实践和认识是辩证统一的。在社会实践的基础上，人的认识过程始于感性认识阶段，进而从感觉到达于思维，上升为本质的、论理的理性认识，即理性认识的形成依赖于感性认识，但如果把理性认识束之高阁，并不实行，那么这种理性认识不要也罢。要充分发挥理性认识的指导作用，理性认识还需要回到实践中去，接受实践的检验，看它能否解决实际问题，进而在实践中完善理性认识。这是认识过程中的“两次飞跃”，毛泽东尤为看重第二次飞跃，他指出：“认识的能动作用，不但表现于从感性的认识到理性的认识之能动的飞跃，更重要的还须表现于从理性的认识到革命的实践这一个飞跃。”[②] 马克思列宁主义之所以被称为真理，是因为它们经受了革命斗争的考验，又在各国革命实践中进一步修正完善，只有这样，理论才能充分发挥指导作用。

---

①《毛泽东选集》第一卷，人民出版社 1991 年版，第 284 页。

②《毛泽东选集》第一卷，人民出版社 1991 年版，第 292 页。

马克思列宁主义不是一成不变的本本和教条，而是与时俱进的理论。然而在现实中，思想与实际不相符的时候很多，我们既要反对右倾机会主义，他们的思想不能随变化了的客观情况而前进；也要反对“左”倾空谈主义，不顾实际情况地套用理论。要纠正这样的错误，就必须坚持“主观和客观、理论和实践、知和行的具体的历史的统一，反对一切离开具体历史的‘左’的或右的错误思想”[①]。最后，毛泽东科学总结了人类的认识规律，“实践、认识、再实践、再认识，这种形式，循环往复以至无穷，而实践和认识之每一循环的内容，都比较地进到了高一级的程度。这就是辩证唯物论的全部认识论，这就是辩证唯物论的知行统一观”[②]。这一论述高度概括了人类认识的客观规律，充分体现了马克思主义以实践为基础的唯物主义世界观和认识论。特别是强调“再实践、再认识”的过程，丰富了马克思主义的认识论，具有重要的理论和实践意义。

《矛盾论》着重于从矛盾的对立统一性阐述马克思主义的辩证法。毛泽东从中国革命实际出发，直指教条主义和经验主义在思维方式上的致命缺陷，突出强调了唯物辩证法的实质和核心，阐明了矛盾普遍性和特殊性相互关系的科学原理。强调我们应该在马克思主义一般原理指导下，具体研究中国的特殊国情、中国革命和中国革命战争的特殊规律，进而制定符合中国实际的关于中国革命的理论和策略。毛泽东首先批评了教条主义和经验主义者的形而上学的宇宙观，认为他们就是用孤立的、静止的和片面的观点去看世界，“他们不了解矛盾的普遍性即寓于矛盾的特殊性之中。他们也不了解研究当前具体事物的矛盾的特殊性，对于我们指导革命实践的发展有何等重要的意

①《毛泽东选集》第一卷，人民出版社 1991 年版，第 296 页。

②《毛泽东选集》第一卷，人民出版社 1991 年版，第 296—297 页。

义”[①]。接着，毛泽东又分析了这一话语带来的实践困境就是教条主义者拒绝对具体事物做任何艰苦的工作，“只是千篇一律地使用一种自以为不可改变的公式到处硬套，这就只能使革命遭受挫折，或者将本来做得好的事情弄得很坏”[②]。继而，毛泽东又从方法论上批评了教条主义者和经验主义者在研究问题上的主观性、片面性和表面性，他们“只是片面地或表面地去看它们，不认识事物的互相联系，不认识事物的内部规律，所以这种方法是主观主义的”[③]。毛泽东认为，用不同的方法解决不同的问题，坚持具体问题具体分析，因时因地因人制宜是应用马克思列宁主义的基本原则。离开具体的分析，就不能认识任何矛盾的特殊性。具体到中国革命，在不同阶段、不同阶层，不仅包含着复杂的矛盾因素，而且还在不断地变化中。因此，“我们从事中国革命的人，不但要在各个矛盾的总体上，即矛盾的相互联结上，了解其特殊性，而且只有从矛盾的各个方面着手研究，才有可能了解其总体”[④]。

此外，毛泽东还专门用一节的内容来研究主要的矛盾和主要的矛盾方面。他认为，在矛盾的诸多方面中，主要矛盾的存在和发展决定着其他矛盾的存在和发展，起着领导的、决定的作用。另外，矛盾着的事物内部也是不平衡的，有矛盾的主要方面和次要方面之分。“事物的性质，主要地是由取得支配地位的矛盾的主要方面所规定的。”[⑤]当然，两者之间是相互依存的，一方的存在离不开对立方，否则就失去了存在条件；两者之间的不平衡性也不是绝对的，在一定条件下是

①《毛泽东选集》第一卷，人民出版社1991年版，第304页。

②《毛泽东选集》第一卷，人民出版社1991年版，第311页。

③《毛泽东选集》第一卷，人民出版社1991年版，第313—314页。

④《毛泽东选集》第一卷，人民出版社1991年版，第312页。

⑤《毛泽东选集》第一卷，人民出版社1991年版，第322页。

可以相互转化的。“事物内部矛盾着的两方面，因为一定的条件而各向着和自己相反的方面转化了去，向着它的对立方面所处的地位转化了去。”[①] 毛泽东认为，对主要矛盾和次要矛盾、矛盾的主要方面和次要方面的研究，是马克思主义政党正确决定政治上和军事上的战略战术的重要方法之一。

毛泽东最后总结了矛盾运动的一般规律，他指出：“矛盾存在于一切客观事物和主观思维的过程中，矛盾贯串于一切过程的始终，这是矛盾的普遍性和绝对性。矛盾着的事物及其每一个侧面各有其特点，这是矛盾的特殊性和相对性。矛盾着的事物依一定的条件有同一性，因此能够共居于一个统一体中，又能够互相转化到相反的方面去，这又是矛盾的特殊性和相对性。然而矛盾的斗争则是不断的，不管在它们共居的时候，或者在它们互相转化的时候，都有斗争的存在，尤其是在它们互相转化的时候，斗争的表现更为显著，这又是矛盾的普遍性和绝对性。”[②] 由此，毛泽东强调我们在研究矛盾的普遍性和斗争性的时候，要注意矛盾的各种不同的斗争形式的区别，鲜明体现了具体问题具体分析的马克思主义方法论要求。

《实践论》和《矛盾论》实质上是中国革命经验教训总结的哲学凝练，对教条主义和经验主义作了深刻的哲学批判，着重论述了马克思列宁主义同中国革命具体实践相结合的必要性，并从方法论上阐述了这一结合的路径。它们的问世，实质上标志着中国共产党开始成熟运用马克思主义世界观和方法论。

此后，毛泽东开始用马克思主义的世界观和方法论进一步总结中国革命经验，并用以指导制订中国革命战略。抗日战争爆发后，为了

①《毛泽东选集》第一卷，人民出版社 1991 年版，第 328 页。
②《毛泽东选集》第一卷，人民出版社 1991 年版，第 336 页。

总结全民族抗战以来的经验教训，确定党在抗战进入相持阶段后的基本方针与任务，解决党内一度出现的右倾错误，统一全党的思想与认识，1938年9月29日至11月6日，中国共产党在延安召开扩大的第六届中央委员会第六次全体会议。毛泽东在报告中特地讲到了学习的重要性，提出必须学习马克思主义的理论、研究民族的历史及当前运动的情况与趋势。在这里，毛泽东提出了马克思主义中国化的重要命题："马克思主义的中国化，使之在其每一表现中带着中国的特性，即是说，按照中国的特点去应用它，成为全党亟待了解并亟须解决的问题。"[①] 他强调，要始终把马克思列宁主义当作"行动的指南"和"革命的科学"，作为"观察问题与解决问题的立场与方法"[②]，也就是说中国共产党要依据中国国情的具体条件和情况，创新性地运用马克思主义。

为了加强全党对马克思主义世界观和方法论的把握，纠正教条主义和经验主义的错误，1941年毛泽东把他在土地革命战争时期进行的农村调查汇集成册出版，并专门加写了序和跋，强调："出版这个参考材料的主要目的，在于指出一个如何了解下层情况的方法，而不是要同志们去记那些具体材料及其结论。"[③] 他号召全体党员干部要用满腔的热忱、眼睛向下的决心、求知的渴望和甘当小学生的精神，向群众虚心学习，认真周密地调查了解实际情况。只有向社会做调查，才能真实地了解实际情况。

着眼推动理论和实际的进一步结合，毛泽东先后撰写了《改造我们的学习》《整顿党的作风》和《反对党八股》，对主观主义特别

①中共中央文献研究室、中央档案馆编：《建党以来重要文献选编（1921—1949）》第十五册，中央文献出版社2011年版，第651页。

②中共中央文献研究室、中央档案馆编：《建党以来重要文献选编（1921—1949）》第十五册，中央文献出版社2011年版，第650页。

③《毛泽东选集》第三卷，人民出版社1991年版，第791页。

◆文献采撷

党是英勇坚决地领导了中国的革命，并且得到伟大的成绩，今后还要领导革命达于彻底的胜利，这是由于党有了马克思主义的政治路线与斗争方法而得来的。党在过去犯过许多大的、小的、“左”的、右的、不合于马克思主义原则性的错误，党也从对这些错误的斗争中锻炼得更强些，革命成绩也从克服错误的斗争中得出来。现在还存在着的将来也会要发生的错误，必须根据马克思主义的原则性给以解决与给以防止。这就是我们党的理论与实际的发展观。

——毛泽东在中共中央政治局会议上作的《群众工作问题》发言，1937年6月

我们现在还有一些处在领导工作岗位的同志和许多从事一般工作的同志，并不懂得或者不甚懂得马克思主义的科学的革命的认识论，他们的世界观和方法论还是资产阶级的，或者还有资产阶级思想的残余。他们常常自觉地或者不自觉地以主观主义（唯心主义）代替唯物主义，以形而上学代替辩证法。既然这样，那他们的调查研究工作就不可能做好。为了做好我们的工作，各级党委应当大大提倡学习马克思主义的认识论，使之群众化，为广大干部和人民群众所掌握，让哲学从哲学家的课堂上和书本里解放出来，变为群众手里的尖锐武器。

——《中共中央关于目前农村工作中若干问题的决定（草案）》，1963年5月

是教条主义进行了激烈批判，号召开展全党范围的马克思主义教育运动。他振聋发聩地提出要以实事求是的态度对待马克思主义，明确研究马克思列宁主义的目的就是“要使马克思列宁主义的理论和中国革命的实际运动结合起来，是为着解决中国革命的理论问题和策略问题而去从它找立场，找观点，找方法的”[①]。为达到这一目的，就要求我们的党员干部不能把马克思主义理论当成死的教条，而在于精通、应用它，要“能够依据马克思列宁主义的立场、观点和方法，正确地解释历史中和革命中所发生的实际问题，能够在中国的经济、政治、军事、文化种种问题上给予科学的解释，给予理论的说明”[②]。更为重要的是，毛泽东从马克思主义世界观和方法论的高度科学概括了“实事求是”的内容，奠定了党的实事求是思想路线的认识论基础。毛泽东指出：“‘实事’就是客观存在着的一切事物，‘是’就是客观事物的内部联系，即规律性，‘求’就是我们去研究。我们要从国内外、省内外、县内外、区内外的实际情况出发，从其中引出其固有的而不是臆造的规律性，即找出周围事变的内部联系，作为我们行动的向导。而要这样做，就须不凭主观想象，不凭一时的热情，不凭死的书本，而凭客观存在的事实，详细地占有材料，在马克思列宁主义一般原理的指导下，从这些材料中引出正确的结论。这种结论，不是甲乙丙丁的现象罗列，也不是夸夸其谈的滥调文章，而是科学的结论。”[③] 这是对马克思主义世界观方法论中国化进程的一次巨大推动。

实事求是的精神贯穿整风运动的始终。通过总结中国革命经验，集中深入地学习马克思主义理论，使全党树立了对待马克思主义的

---

①《毛泽东选集》第三卷，人民出版社 1991 年版，第 801 页。

②《毛泽东选集》第三卷，人民出版社 1991 年版，第 814 页。

③《毛泽东选集》第三卷，人民出版社 1991 年版，第 801 页。

科学态度，更加深入地推动了马克思主义和中国具体实际相结合。整风运动的开展，对于全党达成思想认识上的高度一致具有重要作用，为夺取全民族抗日战争和解放战争的胜利奠定了思想基础。这也是马克思主义世界观和方法论指导中国革命实践所产生的强大历史力量。

四

对马克思主义世界观和方法论的创新

马克思说过一句有名的话："理论在一个国家实现的程度，总是决定于理论满足这个国家的需要的程度。"[①] 然而"如何满足需要"是马克思主义在各国应用中命运不同的决定性因素。毛泽东对马克思主义世界观和方法论运用的突出特点就是始终以中国特殊国情为根本，立足实践来创新马克思主义。

一是坚持一切从中国的实际出发，把实践作为理论运用的出发点和落脚点。实践的观点是马克思主义的根本观点，但毛泽东并没有单纯地重复论述马克思主义的实践观，而是根据中国革命斗争经验进一步发展了实践观。毛泽东认为，实践是认识的来源，是理论形成的根基，因此要坚持一切从实际出发，而不是僵化地套用马克思主义本本。马克思和恩格斯从未将他们的理论当作一成不变的教条，相反，他们在《共产党宣言》的多个版本的"序言"中反复强调，马克思主

①《马克思恩格斯选集》第一卷，人民出版社 1995 年版，第 11 页。

义基本原理的实际运用“随时随地都要以当时的历史条件为转移”。但在中国革命早期，党内对“什么是马克思主义、如何运用马克思主义”缺乏深刻认识，教条主义者把马克思列宁主义奉为圭臬，唯书唯上不唯实，把本本当教条，把上级指示奉为唯一，不顾各国的具体实际，抽象地谈论、搬用马克思主义书本上的理论原则或具体结论，以致出现了多次右倾和“左”倾错误，特别是以王明为代表的第三次“左”倾教条主义错误，几乎使中国革命陷入绝境。遵义会议上，毛泽东等人极力纠正了党在组织上和军事上的“左”倾错误，逐步确立了以毛泽东为代表的马克思主义的正确路线在党内的指导地位，从而挽救了中国革命。然而，第二次国共合作后，王明打着共产国际的旗号，提出要“一切经过抗日民族统一战线，一切服从抗日”[①]，试图再次将革命的领导权交给国民党。在革命的危急关头，以毛泽东同志为代表的中国共产党人深刻认识到，如果不彻底根除教条主义的影响，中国革命将有再次失败的危险。

一切右倾和“左”倾主义错误的关键在于哲学认识上的糊涂。毛泽东从世界观和认识论的角度分析了教条主义的根源在于主观和客观相分裂，认识和实践相脱离。他强调，一切真理性知识都发源于直接经验，没有社会实践，就不可能触碰到事物的现象乃至本质。马克思、恩格斯就是在参加资本主义时代的阶级斗争和科学实验的实践中创立了科学理论。然而，马克思主义之所以重要，不仅是因为它揭示了人类社会发展的一般规律，更重要的是能够运用它去改造世界。即“认识从实践始，经过实践得到了理论的认识，还须再回到实践去”[②]。理论只有在改造客观世界的活动中发挥指导作用才是有意

① 中共中央文献研究室编:《周恩来年谱（1898—1949）（修订本）》，中央文献出版社1998年版，第401页。

②《毛泽东选集》第一卷，人民出版社1991年版，第292页。

义的。基于这样的一种逻辑分析，毛泽东指出，马克思主义不是现成的包治百病的灵丹妙药，也不是束之高阁的本本教条，而是一种解决中国革命理论问题和策略问题的立场和方法，为着这样的一个终极目的，中国共产党人在运用马克思主义时，就必须要始终坚持“从实际出发，不是从定义出发”[①]。这在根本上划清了马克思主义与教条主义的区别。

在与本本主义、教条主义的长期斗争中，在正确理解、科学坚持马克思主义的过程中，毛泽东思想逐步形成并不断成熟。毛泽东思想的形成既是把马克思主义基本原理同中国具体实际紧密结合的产物，又是在特殊历史条件下中国共产党人对马克思主义创造性运用的理论提升，突出体现了“通过实践而发现真理，又通过实践而证实真理和发展真理”的认识过程，正是依靠着“实践—理论—实践”的循环往复，使马克思主义始终保持着生机活力。

二是突出强调矛盾的特殊性，把具体问题具体分析作为认识和解决矛盾的必然要求。毛泽东在《矛盾论》中通过阐述两种宇宙观、矛盾的普遍性、矛盾的特殊性、主要矛盾和主要的矛盾方面、矛盾诸方面的同一性和斗争性、对抗在矛盾中的地位，深刻论述了对立统一规律是唯物辩证法的实质和核心的思想。他创造性地继承和发展了马克思主义的矛盾学说，把对矛盾特殊性的认识作为认识过程的核心，体现了在把握马克思主义世界观和方法论中形成的高超哲学智慧和丰富革命斗争经验。

毛泽东没有泛泛地谈论矛盾的普遍性和特殊性之间的辩证关系，而是结合中国革命斗争经验，直指形而上学的要害和教条主义者在思维方式上的致命弱点，进而从哲学的高度阐明了唯物辩证法的核心。

---

①《毛泽东选集》第三卷，人民出版社 1991 年版，第 853 页。

他批评教条主义者既“不懂得必须研究矛盾的特殊性，认识各别事物的特殊的本质，才有可能充分地认识矛盾的普遍性，充分地认识诸种事物的共同的本质”，也“不懂得在我们认识了事物的共同的本质以后，还必须继续研究那些尚未深入地研究过的或者新冒出来的具体的事物”[①]。由此带来的问题就是教条主义者“只是千篇一律地使用一种自以为不可改变的公式到处硬套，这就只能使革命遭受挫折，或者将本来做得好的事情弄得很坏”[②]。以中国革命为例，虽然在整个民主革命阶段，社会根本矛盾的性质没有发生变化，但是由于资产阶级的领导和无产阶级的领导不同，这段时期被区别为两个很大的不同的历史阶段。再具体而言，这期间又经历了辛亥革命、北洋军阀统治、大革命、新的军阀战争、土地革命战争、国共第二次合作、抗日战争等阶段，不同阶段的矛盾仍然是不同的。由此就需要明了“不论研究何种矛盾的特性——各个物质运动形式的矛盾，各个运动形式在各个发展过程中的矛盾，各个发展过程的矛盾的各方面，各个发展过程在其各个发展阶段上的矛盾以及各个发展阶段上的矛盾的各方面，研究所有这些矛盾的特性，都不能带主观随意性，必须对它们实行具体的分析。离开具体的分析，就不能认识任何矛盾的特性”[③]。

马克思主义是指导无产阶级及其政党改造世界、实现人类彻底解放的科学理论和行动指南。但任何理论如果没有根据社会变化、阶级变动而适时调整、创新，必然会被时代所抛弃。因此，必须坚持“用不同的方法去解决不同的矛盾，这是马克思列宁主义者必须严格地遵守的一个原则”[④]，这也是马克思主义最本质的东西。这就要求我们在

---

①《毛泽东选集》第一卷，人民出版社1991年版，第310页。
②《毛泽东选集》第一卷，人民出版社1991年版，第311页。
③《毛泽东选集》第一卷，人民出版社1991年版，第317页。
④《毛泽东选集》第一卷，人民出版社1991年版，第311页。

马克思主义一般原理的指导下，具体研究中国特殊的国情、中国革命斗争的特殊规律，制定符合中国实际的斗争策略。

三是创新发展马克思主义的群众观，把群众路线作为党的基本的领导方法。马克思主义唯物史观认为人民群众是物质财富和精神财富的创造者，是社会变革与社会进步的主体性和决定性力量。由此，是否承认人民群众是历史的创造者是区分唯物史观和唯心史观的分水岭。毛泽东继承了马克思主义的群众观，充分肯定了人民群众在历史创造中的巨大作用，特别是强调从事物质生产的劳动群众是社会发展的主体，是历史的创造者，他指出："人民，只有人民，才是创造世界历史的动力。"[①] 更为重要的是，毛泽东从世界观、价值观和方法论三者统一的高度，全面系统地阐述了马克思主义的群众观和群众路线。

从价值观的角度看，毛泽东始终把为人民服务当作党的根本宗旨，指出："全心全意地为人民服务，一刻也不脱离群众；一切从人民的利益出发，而不是从个人或小集团的利益出发；向人民负责和向党的领导机关负责的一致性；这些就是我们的出发点。"[②] 由此带来的工作得失的根本标准就是："共产党人的一切言论行动，必须以合乎最广大人民群众的最大利益，为最广大人民群众所拥护为最高标准。"[③] 1934 年，毛泽东在江西瑞金召开的第二次全国工农兵代表大会上批评了那些只做动员群众进行战争的工作，而忽略生产生活问题的行为，他认为要领导群众达到战胜敌人的目的，就不能只讲扩红、收税，而要关心群众的柴米油盐问题、疾病卫生问题、婚姻问题等，"总之，一切群众的实际生活问题，都是我们应当注意的问题。假如

---

①《毛泽东选集》第三卷，人民出版社 1991 年版，第 1031 页。

②《毛泽东选集》第三卷，人民出版社 1991 年版，第 1094—1095 页。

③《毛泽东选集》第三卷，人民出版社 1991 年版，第 1096 页。

▶江西省瑞金市著名革命遗址——沙洲坝红井

我们对这些问题注意了，解决了，满足了群众的需要，我们就真正成了群众生活的组织者，群众就会真正围绕在我们的周围，热烈地拥护我们”[1]。坚持为人民谋利益，领导人民开展一切实际工作，在工作方法上就要求从群众中来、到群众中去。毛泽东指出：“这是基本的领导方法。”具体来说，就是“将群众的意见（分散的无系统的意见）集中起来（经过研究，化为集中的系统的意见），又到群众中去作宣传解释，化为群众的意见，使群众坚持下去，见之于行动，并在群众行动中考验这些意见是否正确。然后再从群众中集中起来，再到群众中坚持下去。如此无限循环，一次比一次地更正确、更生动、更丰富”[2]。这样一个过程，就把马克思主义的认识论同党的群众路线有机统一起来了，这是毛泽东对辩证唯物主义和历史唯物主义的创造性坚持和发展。

无论是群众观还是群众路线，二者都统一于党领导人民进行改造客观世界的社会实践中，使党赢得了群众的支持和拥护，进而转化为推动历史发展的巨大力量，确保了中国革命的成功。

①《毛泽东选集》第一卷，人民出版社 1991 年版，第 137 页。
②《毛泽东选集》第三卷，人民出版社 1991 年版，第 899 页。

四是高度重视调查研究，把进行社会调查作为领导工作的首要任务和决定政策的基础。调查研究是坚持一切从实际出发的必然要求，毛泽东认为，只有开展调查研究，才能洗刷唯心主义，树立辩证唯物主义世界观；反之，“离开实际调查就要产生唯心的阶级估量和唯心的工作指导”[①]。这就说明，进行调查研究是坚持把马克思主义基本原理同中国实际情况相结合的基本路径。

在长期的革命生涯中，毛泽东高度重视调查研究，他认为了解中国经济条件和政治条件的唯一办法就是调查研究。“要了解情况，唯一的方法是向社会做调查，调查社会各阶级的生动情况。对于担负指导工作的人来说，有计划地抓住几个城市、几个乡村，用马克思主义的基本观点，即阶级分析的方法，作几次周密的调查，乃是了解情况的最基本的方法。只有这样，才能使我们具有对中国社会问题的最基础的知识”[②]。学生时代，他数次游学，对农村的乡土民情、生活习俗等有了初步认知。革命战争阶段，无论战事多么繁忙，他始终抽出时间做调查研究，特别是在土地革命战争时期，为了探索新道路、制定新政策，毛泽东先后做了宁冈调查、永新调查、仁凤山调查、寻乌调查、兴国调查、东塘等 4 村调查、木口村调查、长冈乡调查、3 次塘边村调查、蛟洋调查、长汀调查、3 次才溪乡调查等，使毛泽东比较全面地掌握了根据地的政治区划、行政、地理环境、交通运输、工商业、人口成分、阶级构成、土地占有及剥削程度、土地山林池塘房屋的分配及斗争、地租税收、苏维埃组织建设、农村军事组织及斗争、民主建设以及生产、文化、卫生、社会救济、革命宣传等情况。他撰写的调查笔录和调查报告等成为党制定苏区政治、经济、文化政策的

①《毛泽东选集》第一卷，人民出版社 1991 年版，第 112 页。

②《毛泽东选集》第三卷，人民出版社 1991 年版，第 789 页。

重要依据。

调查研究的经验使毛泽东深刻意识到，调查研究是解决问题、制定政策的前提，“闭塞眼睛捉麻雀”、“瞎子摸鱼”、粗枝大叶、夸夸其谈是解决不了问题的，是违背马克思主义基本精神的。因此，他号召党员干部要善于做周密细致的调查，“要使同志们懂得，共产党领导机关的基本任务，就在于了解情况和掌握政策两件大事”[①]，要引导同志们向实际事物做全面的、系统的调查研究，否则，就无法制定出科学的政策。他认为：“在全党推行调查研究的计划，是转变党的作风的基础一环。”[②] 正是通过一系列的调查研究，毛泽东才创造性地提出了很多符合中国实际的理论，使党摆脱了教条主义、经验主义的束缚，确立了实事求是的思想路线。可以说，没有这一基本的工作方法，就没有正确运用马克思主义世界观和方法论的实践自觉。

①《毛泽东选集》第三卷，人民出版社 1991 年版，第 802 页。

②《毛泽东选集》第三卷，人民出版社 1991 年版，第 802 页。

第五章

不断开辟马克思主义世界观和方法论新境界

马克思主义世界观和方法论具有鲜明的时代性、开放性、实践性和发展性。中国共产党人在百余年奋斗历程中，不仅取得了举世瞩目的伟大实践成就，使中华民族迎来了从站起来、富起来到强起来的伟大飞跃，而且创造了彪炳史册的伟大理论成就。党能够取得伟大实践成就的根本在于党始终能够拥有自己的创新理论指导。习近平总书记指出：“我们党的历史，就是一部不断推进马克思主义中国化的历史，就是一部不断推进理论创新、进行理论创造的历史。”[①] 不断推进理论创新，不断开辟马克思主义中国化时代化新境界，是党能够不断创造历史伟业、不断取得重大历史成就的根本所在。马克思主义世界观和方法论是马克思主义中国化时代化理论成果的灵魂和精髓所在，掌握马克思主义科学真理的关键在于要掌握马克思主义世界观和方法论。可见，推进理论创新、开辟马克思主义中国化时代化新境界，必然要求开辟马克思主

①《习近平著作选读》第二卷，人民出版社 2023 年版，第 419 页。

义世界观和方法论新境界。在新时代，习近平新时代中国特色社会主义思想是马克思主义中国化时代化的最新成果，是当代中国的马克思主义、二十一世纪马克思主义。习近平新时代中国特色社会主义思想的世界观和方法论是习近平新时代中国特色社会主义思想的精髓和核心要义，同时赋予马克思主义世界观和方法论中国形态，开辟了马克思主义世界观和方法论新境界。

一

一以贯之坚持马克思主义世界观和方法论

习近平总书记指出："一个民族要走在时代前列，就一刻不能没有理论思维，一刻不能没有正确思想指引。"[①] 马克思主义世界观和方法论是马克思主义的最基本原理，是马克思主义的精髓和灵魂所在，是中国共产党人理论思维的根本。学习并运用马克思主义，在很大程度上就是要学习并运用马克思主义世界观和方法论。100 多年来，中国共产党始终坚持并运用马克思主义世界观和方法论，在马克思主义世界观和方法论指导下不断创造历史伟业。正是党始终坚持马克思主义世界观和方法论，在科学的马克思主义世界观和方法论的指导下，党才能够不断克服无数的艰难困苦、战胜无数的风险挑战，不断作出一个又一个的正确决策、制定出一项又一项可行的方针政策。党的百余年奋斗史充分表明，中国共产党始终一以贯之坚持马克思主义世界观和方法论。

在新民主主义革命时期，以毛泽东同志为代表的中国共产党人对马克思主义世界观和方法论的创造性运用，特别是创造性地提出实事求是、群众路线、独立自主的中国化马克思主义世界观和方法论，为新民主主义革命胜利奠定了根本理论基础、提供了根本理论指导。在这个意义上说，毛泽东思想作为马克思主义中国化第一次历史性飞跃

①《习近平谈治国理政》第四卷，外文出版社 2022 年版，第 29 页。

的理论成果，是在坚持和发展中创造性运用马克思主义世界观和方法论的理论产物。在社会主义革命和建设时期，以毛泽东同志为代表的中国共产党人继续坚持和发展马克思主义世界观和方法论，领导中国各方面事业取得了一个又一个胜利。这一时期，中国社会主义事业发展中出现的曲折也深刻表明，违背了马克思主义世界观和方法论，党和国家事业发展就会遇到挫折。正反两方面的经验教训表明了始终坚持马克思主义世界观和方法论指导的极端重要性。

在改革开放和社会主义现代化建设新时期，中国化马克思主义世界观和方法论得以进一步丰富发展，形成了解放思想、实事求是、与时俱进和求真务实的思想路线，为改革开放和社会主义现代化建设提供了理论指导和实践指南。1978 年 12 月，邓小平在《解放思想，实事求是，团结一致向前看》的讲话中指出："实事求是，是无产阶级世界观的基础，是马克思主义的思想基础。过去我们搞革命所取得的一切胜利，是靠实事求是；现在我们要实现四个现代化，同样要靠实事求是。不但中央、省委、地委、县委、公社党委，就是一个工厂、一个机关、一个学校、一个商店、一个生产队，也都要实事求是，都要解放思想，开动脑筋想问题、办事情。"[①] 邓小平强调了解放思想、实事求是作为马克思主义世界观和方法论的重要性，为全党在新的条件下，继续坚持和发展马克思主义世界观和方法论提供了遵循。江泽民和胡锦涛在继承和发展马克思主义世界观和方法论的基础上，不断丰富和发展了马克思主义世界观和方法论的内涵，并根据中国特色社会主义实践新发展不断推动马克思主义世界观和方法论的中国化时代化，推动中国特色社会主义事业成功进入 21 世纪并不断发展。

---

①《邓小平文选》第二卷，人民出版社 1994 年版，第 143 页。

党的十八大后，中国特色社会主义进入新时代。新时代，中国共产党在接续推进中华民族伟大复兴的过程中，高度重视对辩证唯物主义和历史唯物主义的学习，特别是高度重视对马克思主义世界观和方法论的学习，不断努力提高马克思主义哲学这一看家本领。2013年12月，十八届中央政治局第十一次集体学习专题学习了历史唯物主义，习近平总书记发表了《坚持历史唯物主义不断开辟当代中国马克思主义发展新境界》的重要讲话。2015年1月，十八届中央政治局第二十次集体学习专题学习了辩证唯物主义，习近平总书记发表了《辩证唯物主义是中国共产党人的世界观和方法论》的重要讲话。这两次学习在理论上宣示了

◆ **文献采撷**

对马克思主义的信仰，是中国革命胜利的一种精神动力。建国以后，我们从旧中国接受下来的是一个烂摊子，工业几乎等于零，粮食也不够吃，通货恶性膨胀，经济十分混乱。我们解决吃饭问题，就业问题，稳定物价和财经统一问题，国民经济很快得到恢复，在这个基础上进行了大规模经济建设。靠的是什么？靠的是马克思主义，是社会主义。人们说，你们搞什么社会主义！我们说，中国搞资本主义不行，必须搞社会主义。如果不搞社会主义，而走资本主义道路，中国的混乱状态就不能结束，贫困落后的状态就不能改变。所以，我们多次重申，要坚持马克思主义，坚持走社会主义道路。但是，马克思主义必须是同中国实际相结合的马克思主义，社会主义必须是切合中国实际的有中国特色的社会主义。

——邓小平在会见第二次中日民间人士会议日方委员会代表团时的谈话，1984年6月

中国共产党坚持和发展马克思主义世界观和方法论的时代信心。在推动新时代马克思主义中国化时代化的过程中，“中国共产党人深刻认识到，只有把马克思主义基本原理同中国具体实际相结合、同中华优秀传统文化相结合，坚持运用辩证唯物主义和历史唯物主义，才能正确回答时代和实践提出的重大问题，才能始终保持马克思主义的蓬勃生机和旺盛活力”[①]。

同时，在创立习近平新时代中国特色社会主义思想的过程中，中国共产党一直坚持用马克思主义世界观和方法论来对这一新的理论成果进行总结和概括。在中宣部2014年编写的《习近平总书记系列重要讲话读本》和2016年编写的《习近平总书记系列重要讲话读本（2016年版）》（以下简称《读本》）中，就已经开始高度重视对习近平总书记系列重要讲话中科学思想方法和工作方法的总结。2016年的《读本》指出：“深入学习贯彻习近平总书记系列重要讲话精神，既要准确理解讲话提出的一系列治国理政新理念新思想新战略，又要深刻把握讲话贯穿的科学思想方法和工作方法，不断提高攻坚克难、化解矛盾、驾驭复杂局面的能力，更好地把中国特色社会主义事业推向前进。”[②] 在这一认识的基础上，2016年的《读本》把蕴含在习近平总书记系列重要讲话中的科学思想方法和工作方法总结为6个基本方面，即学习和掌握马克思主义哲学，保持战略定力，提高战略思维、历史思维、辩证思维、创新思维、底线思维，调研研究是一项基本功，发扬钉钉子精神，依靠学习走向未来。这既体现了对马克思主义世界观和方法论一以贯之的坚持和发展，又体现了在当时

① 习近平：《高举中国特色社会主义伟大旗帜　为全面建设社会主义现代化国家而团结奋斗——在中国共产党第二十次全国代表大会上的报告》，人民出版社2022年版，第17页。

② 中共中央宣传部编：《习近平总书记系列重要讲话读本（2016年版）》，学习出版社、人民出版社2016年版，第278页。

的条件下对习近平新时代中国特色社会主义思想的世界观和方法论的认识自觉和实践自觉。

二

习近平新时代中国特色社会主义思想世界观和方法论的创造性提出

党的二十大的一个重大理论成就就是创造性地提出了习近平新时代中国特色社会主义思想的世界观和方法论，即必须坚持人民至上、必须坚持自信自立、必须坚持守正创新、必须坚持问题导向、必须坚持系统观念、必须坚持胸怀天下的“六个必须坚持”。党的二十大报告指出：“实践没有止境，理论创新也没有止境。不断谱写马克思主义中国化时代化新篇章，是当代中国共产党人的庄严历史责任。继续推进实践基础上的理论创新，首先要把握好新时代中国特色社会主义思想的世界观和方法论，坚持好、运用好贯穿其中的立场观点方法。”[①] 这标志着党的二十大在习近平新时代中国特色社会主义思想不断丰富和发展的基础上，对这一思想的阐述和概括进入了一个新阶段和新境界。

习近平新时代中国特色社会主义思想的世界观和方法论，是习近平新时代中国特色社会主义思想的精髓和核心要义。党的二十

① 习近平：《高举中国特色社会主义伟大旗帜　为全面建设社会主义现代化国家而团结奋斗——在中国共产党第二十次全国代表大会上的报告》，人民出版社 2022 年版，第 18—19 页。

大创造性地提出习近平新时代中国特色社会主义思想的世界观和方法论，不是偶然的、随意的，而是有其理论依据、历史依据和实践依据的。

理论依据就是对马克思主义世界观和方法论的继承和发展。“马克思和恩格斯几十次地把自己的哲学观点叫做辩证唯物主义。”① 马克思主义的世界观和方法论，也即辩证唯物主义的世界观和方法论，从世界的物质统一性出发，科学揭示了世界的物质本质、世界的运动发展规律以及物质与意识的关系，深刻阐明了自然界、人类社会和人的思维的基本规律。同时，马克思主义世界观和方法论又立足人的实践活动，科学概括了反映物质性世界运动发展规律的基本认识范畴以及在改造世界中人的认识发展的基本规律。列宁说：“马克思的哲学是完备的哲学唯物主义，它把伟大的认识工具给了人类，特别是给了工人阶级。”② 习近平总书记指出：“马克思主义哲学包括辩证唯物主义和历史唯物主义，是马克思主义立场、观点、方法的集中体现，是马克思主义学说的思想基础。”③ 在马克思主义发展史上，对马克思主义世界观和方法论的继承和发展是首要任务，能不能在坚持中运用马克思主义世界观和方法论来分析时代和实践发展中出现的新问题，决定着马克思主义时代化发展的深度和广度。第二国际时期以伯恩施坦为代表的修正主义者，尽管在研究中涉及资本主义发展中出现的一些新问题及其对社会主义提出的挑战，但由于在根本上背离了马克思主义世界观和方法论，最终彻底走向资产阶级思想体系。以列宁为代表的马克思主义者，则把马克思主义世界观和方法论作为坚持和发展马克

① 列宁：《唯物主义和经验批判主义》，人民出版社 2015 年版，第 3 页。

②《列宁专题文集　论辩证唯物主义和历史唯物主义》，人民出版社 2009 年版，第 335 页。

③ 习近平：《坚持历史唯物主义不断开辟当代中国马克思主义发展新境界》，《求是》2020 年第 2 期。

思主义的前提，一方面不断运用马克思主义世界观和方法论来分析社会主义前进中出现的新情况新问题，另一方面又把马克思主义世界观和方法论发展到新的时代高度，特别是列宁的《唯物主义和经验批判主义》一书关于物质范畴的新研究赋予了马克思主义世界观和方法论新的理论内涵和时代特色。列宁之后，苏联社会主义之所以出现曲折并以失败结束，在理论上看，根本的原因就是不断弱化、淡化马克思主义世界观和方法论。特别是从斯大林开始，苏联共产党简单地把矛盾看作对抗并最后排除了矛盾在社会主义发展中的地位，从而背离了马克思主义世界观和方法论，最终在 20 世纪 90 年代被社会民主主义所代替，马克思主义世界观和方法论也被强调人道主义的多元化的社会民主主义世界观和方法论所取代。纵观马克思主义发展史，就是把马克思主义世界观和方法论与社会主义实践新发展相统一形成新思想的过程。党的二十大提出习近平新时代中国特色社会主义思想世界观和方法论，深刻体现了新时代中国共产党对马克思主义发展史基本规律的认识和把握。

历史依据就是中国化马克思主义理论史上对马克思主义世界观和方法论的一贯重视和建构问题。马克思主义中国化既是理论认识客观发展的过程，也是对这一客观的认识过程进行理论建构和理论概括的过程，因此在中国化马克思主义理论概括历程中，从世界观、方法论的层面概括和总结不同时期中国共产党的理论创新和理论创造，是马克思主义中国化时代化历史上的宝贵经验和显著特征。毛泽东思想作为马克思主义中国化的第一次历史性飞跃，奠基于毛泽东对辩证唯物主义和历史唯物主义的继承和发展，这集中体现在毛泽东在延安时期完成的《矛盾论》《实践论》中。这“两论”奠基了毛泽东思想的坚实的辩证唯物主义和历史唯物主义的世界观和方法论基础，并且开始把辩证唯物主义和历史唯物主义贯穿马克思主义中国化理论创新和理论创造的整体性进程中。因此，刘少奇在党的七大上说，毛泽东思想“是中国的东西，又是完全马克思主义的东西。它是应用马克思主义的宇宙观与社会观——辩证唯物论与历史唯物论，即在坚固的马克思列宁主义理论的基础上，根据中国这个民族的特点，依靠近代革命以及中国共产党领导人民斗争的极端丰富的经验，经过科学的缜密的分析而建设起来的”[①]。“毛泽东思想，从他的宇宙观以至他的工作作风，乃是发展着与完善着的中国化的马克思主义，乃是中国人民完整的革命建国理论。”[②] 党的十一届六中全会再次对毛泽东思想进行新概括时，创造性地提出了毛泽东思想的活的灵魂，即把实事求是、群众路线、独立自主作为贯穿在毛泽东思想中的世界观和方法论来认识和把握。2021 年党的十九届六中全会对毛泽东思想进行再概括时指出：“毛泽东思想的活的灵魂是贯穿于各个组成部分的立场、观点、方法，体现为实事求是、群众路线、独立自主三个基本方面，为党和人民事业发展提供了科学指引。”[③] 这就从世界观、方法论以及基本立场观点方法上对毛泽东思想进行了再总结和再概括。中国特色社会主义理论体系也是这样的。邓小平在推动马克思主义中国化过程中，对马克思主义世界观和方法论的最大贡献就是强化了全党对实事求是辩证唯物主义和历史唯物主义这一观点的认识。在领导改革开放初期，邓小平反复强调实事求是“这是毛泽东哲学思想的精髓”[④]，“实事求是是马列主义哲学的概括，是马列主义理论、马列主义方法的概括”[⑤]。“实

---

①《刘少奇选集》上卷，人民出版社 1981 年版，第 334 页。

②《刘少奇选集》上卷，人民出版社 1981 年版，第 335 页。

③《中共中央关于党的百年奋斗重大成就和历史经验的决议》，人民出版社 2021 年版，第 13 页。

④ 中共中央文献研究室编：《邓小平年谱（1975—1997）》上，中央文献出版社 2004 年版，第 204 页。

⑤ 中共中央文献研究室编：《邓小平年谱（1975—1997）》上，中央文献出版社 2004 年版，第 319 页。

事求是。归根到底，这是涉及什么是马克思列宁主义，什么是毛泽东思想的问题。毛泽东思想最根本的最重要的东西就是实事求是。”[①] 20世纪80年代，邓小平同样反复强调：“马克思主义最根本的观点就是辩证唯物主义和历史唯物主义。毛主席将它概括为‘实事求是’四个字。”[②] “搞社会主义一定要遵循马克思主义的辩证唯物主义和历史唯物主义，也就是毛泽东同志概括的实事求是，或者说一切从实际出发。”[③] 1992年初期，在“南方谈话”中，邓小平再次强调：“实事求是是马克思主义的精髓。要提倡这个，不要提倡本本。”[④] 把实事求是上升到马克思主义世界观和方法论的高度，与辩证唯物主义和历史唯物主义等同，这是邓小平对马克思主义世界观和方法论思想作出的重

实践是检验真理的唯一标准

本报特约评论员

检验真理的标准只能是社会实践

理论与实践的统一，是马克思主义的一个最基本的原则

（下转第二版）

▶ 1978年5月11日，《光明日报》发表特约评论员文章《实践是检验真理的唯一标准》

① 中共中央文献研究室编：《邓小平年谱（1975—1997）》上，中央文献出版社2004年版，第320页。

② 中共中央文献研究室编：《邓小平年谱（1975—1997）》下，中央文献出版社2004年版，第974页。

③《邓小平文选》第三卷，人民出版社1993年版，第118页。

④《邓小平文选》第三卷，人民出版社1993年版，第382页。

大贡献，也使党的实事求是思想路线具有了马克思主义世界观和方法论的深刻内涵。邓小平对实事求是这一马克思主义世界观和方法论的鲜明强调贯穿在包括邓小平理论、“三个代表”重要思想和科学发展观在内的整个中国特色社会主义理论体系之中，牢牢地把改革开放和社会主义现代化建设新时期马克思主义中国化理论成果的建构确立在马克思主义世界观和方法论的基础之上。党的二十大提出的习近平新时代中国特色社会主义思想的世界观和方法论，深刻体现了新时代中国共产党对马克思主义中国化时代化发展和概括的基本规律的认识和把握。

实践上的依据就是新时代全面建设社会主义现代化国家、全面推进中华民族伟大复兴的新的伟大斗争迫切需要从世界观和方法论高度加强对习近平新时代中国特色社会主义思想的学习、研究和践行。如同马克思主义发展史上的其他成果一样，同样存在一个科学对待习近平新时代中国特色社会主义思想的重大问题，习近平新时代中国特色社会主义思想也不是书斋中的学问，不是本本，不是教条，而是指导新时代党和国家事业发展的科学理论指南。马克思主义发展史已经充分表明，在推动理论与实践相统一的过程中，必须要加强对马克思主义世界观和方法论的学习和运用。习近平总书记指出：“我们坚持以马克思主义为指导，是要运用其科学的世界观和方法论解决中国的问题，而不是要背诵和重复其具体结论和词句，更不能把马克思主义当成一成不变的教条。”[①] 作为当代中国马克思主义、二十一世纪马克思主义的习近平新时代中国特色社会主义思想，是由科学的世界观、方法论和在一系列重大问题上的战略性具体观点构建的科学理论

---

① 习近平：《高举中国特色社会主义伟大旗帜　为全面建设社会主义现代化国家而团结奋斗——在中国共产党第二十次全国代表大会上的报告》，人民出版社2022年版，第17页。

体系。在运用习近平新时代中国特色社会主义思想指导实践发展时，必须要把这一思想中的科学世界观和方法论放在首位，运用这一思想中的世界观和方法论去认识问题、解决问题和推动发展。面对世界百年未有之大变局加速演变复杂时代背景下的新时代党和国家事业进一步发展中的重大任务、严峻挑战、重大风险，迫切需要用习近平新时代中国特色社会主义思想的世界观和方法论来进行理论武装，使这一世界观和方法论成为应对巨大不确定性中最具确定性的理论立场。这样，才能做到党的二十大所要求的那样，“不断提出真正解决问题的新理念新思路新办法”，“为前瞻性思考、全局性谋划、整体性推进党和国家各项事业提供科学思想方法”[①]。党的二十大提出习近平新时代中国特色社会主义思想的世界观和方法论，深刻体现了新时代中国共产党对用科学理论指导伟大事业新发展的基本规律的认识和把握。

三

二十一世纪马克思主义的世界观和方法论

马克思主义的发展，既体现为马克思主义的基本原理和具体认识不断跟着时代、科学和实践的发展而发展，同时也体现为马克思主义世界观和方法论的发展，这是马克思主义发展中最重要的发展。党的

① 习近平：《高举中国特色社会主义伟大旗帜　为全面建设社会主义现代化国家而团结奋斗——在中国共产党第二十次全国代表大会上的报告》，人民出版社2022年版，第20、21页。

二十大报告指出："实践告诉我们，中国共产党为什么能，中国特色社会主义为什么好，归根到底是马克思主义行，是中国化时代化的马克思主义行。拥有马克思主义科学理论指导是我们党坚定信仰信念、把握历史主动的根本所在。"① 中国化时代化的马克思主义行的关键，则在于中国共产党能够根据时代、科学和实践的发展不断丰富和发展马克思主义世界观和方法论的思想。进入新时代后，习近平新时代中国特色社会主义思想之所以能够开创出当代中国马克思主义、二十一世纪马克思主义新境界，关键在于在对马克思主义世界观和方法论思想丰富和发展中形成了习近平新时代中国特色社会主义思想。

把握好习近平新时代中国特色社会主义思想的世界观和方法论，必须要在马克思主义中国化时代化的大的思想史视野中深化对其所涉及的基础理论问题的认识和理解，从而在马克思主义发展史的规律性高度上深入认识习近平新时代中国特色社会主义思想的理论地位和时代方位。具体地说，把握好习近平新时代中国特色社会主义思想的世界观和方法论，就要把握好 3 个关键性问题：一是党的二十大所概括的这"六个必须坚持"在哪些方面从根本上体现了辩证唯物主义和历史唯物主义世界观和方法论的要求，也就是说，如何理解和把握这"六个必须坚持"的世界观和方法论的科学内涵，这是一个贯通把握马克思主义与习近平新时代中国特色社会主义思想的根本性问题。二是党的二十大所概括的这"六个必须坚持"为什么能够作为习近平新时代中国特色社会主义思想的世界观和方法论被确定下来，也就是说，如何理解和把握这"六个必须坚持"上升为世界观和方法论的基础和依据，这是一个在整体性上把握习近平新时代中国特色社会主义

① 习近平：《高举中国特色社会主义伟大旗帜　为全面建设社会主义现代化国家而团结奋斗——在中国共产党第二十次全国代表大会上的报告》，人民出版社 2022 年版，第 16 页。

思想的根本性问题。三是习近平新时代中国特色社会主义思想世界观和方法论对马克思主义世界观和方法论的原创性贡献。

第一，之所以把必须坚持人民至上、必须坚持自信自立、必须坚持守正创新、必须坚持问题导向、必须坚持系统观念、必须坚持胸怀天下这 6 个方面确立为习近平新时代中国特色社会主义思想世界观和方法论的主要内容，是因为这 6 个方面的“必须坚持”在根本上是辩证唯物主义和历史唯物主义的客观反映和要求。从整体上看，这 6 个“必须坚持”牢牢地立足世界的物质性这一基本立场之上，也就是说，是以世界的发展是客观的、有规律的和可以被认识的、被改造的作为前提，是以对社会发展规律的认识和创造性运用作为基础的。坚持世界的物质统一性这一基本观点，“最重要的就是坚持一切从客观实际出发，而不是从主观愿望出发”[①]。在这一前提和基础之上，6 个方面的“必须坚持”集中反映了新时代中国共产党对如何改造世界的系统认识。必须坚持人民至上，体现的是对“感性的人的实践活动”的理解，反映了中国共产党对认识和改造世界的依靠力量的认识。必须坚持自信自立和必须坚持守正创新，体现的是对改造世界过程中认识规律和根据规律的要求遵循规律、积极作为的历史主动性及其基本路径的认识和把握。必须坚持问题导向和必须坚持系统观念，体现的是在认识和改造世界过程中以认识和解决事物发展的主要矛盾和矛盾的主要方面为基础，在整体性的联系中去把握事物发展走向的方法论思想。“问题是事物矛盾的表现形式，我们强调增强问题意识、坚持问题导向，就是承认矛盾的普遍性、客观性，就是要善于把认识和化解矛盾作为打开工作局面的突

① 习近平：《辩证唯物主义是中国共产党人的世界观和方法论》，《求是》2019 年第 1 期。

破口。”[①] 问题导向和系统观念的统一性表明了中国共产党对矛盾运动发展规律和事物普遍联系的运动规律的深刻认识。必须坚持胸怀天下，深层次上是在时代与哲学的关系上对当代中国与人类社会发展所面临的一系列重大问题的深刻回答[②]，是在世界观和方法论高度对实践的普遍性的品质这一辩证唯物主义实践观基本特征的认识和把握。列宁说，“辩证法是一种学说，它研究对立面怎样才能够同一，是怎样（怎样成为）同一的——在什么条件下它们是相互转化而同一的”[③]。只有胸怀天下，才能在中国式现代化基础上开创人类文明新形态，把中华民族的发展与人类的发展高度同一起来。总体来说，这6个方面的“必须坚持”是从不同的方面对马克思主义世界观和方法论的强烈实践性的反映，贯穿其中的也是中国共产党一贯坚持的实事求是的世界观和方法论的基本立场。在这个意义上，这6个方面也是对如何坚持实事求是这一马克思主义世界观和方法论的新认识和新回答，这也充分体现了马克思主义世界观和方法论的中国特色。

第二，党的二十大报告所概括的这6个方面的“必须坚持”，在整个习近平新时代中国特色社会主义思想的理论体系中具有基础性、普遍性的地位。习近平总书记指出：“理论对规律的揭示越深刻，对社会发展和变革的引领作用就越显著。”[④] 党的二十大报告鲜明提出习近平新时代中国特色社会主义思想世界观和方法论，彰显了新时代中国共产党的理论创新和理论创造对全面建设社会主义现代化国家、全面推进中华民族伟大复兴的规律的深刻揭示。这6个方面的“必须坚持”能够作为习近平新时代中国特色社会主义思想世界观和方法论

---

① 习近平：《辩证唯物主义是中国共产党人的世界观和方法论》，《求是》2019年第1期。

② 王伟光：《习近平新时代中国特色社会主义思想对发展马克思主义的原创性贡献》，《马克思主义理论学科研究》2022年第9期。

③《列宁专题文集 论辩证唯物主义和历史唯物主义》，人民出版社2009年版，第132页。

④ 习近平：《辩证唯物主义是中国共产党人的世界观和方法论》，《求是》2019年第1期。

的内涵被确定下来，主要在于：第一，这6个方面作为一个整体在深层次上体现了新时代中国共产党以认识和改造中国这个必然王国为中心对如何认识和改造世界的新认识。6个“必须坚持”表明，世界是按照自己内在的规律向前发展的，必须要按照世界发展的本来面貌和客观要求去认识和改造世界，表明了新时代中国共产党以强烈的历史主动精神推动理论和实践相统一的认识能力和历史能力。第二，这6个方面集马克思主义世界观和方法论于一体，既体现了对物质世界发展规律的科学认识，又体现了在这一科学认识指导下改变世界的方法论要求。1895年，恩格斯在同桑巴特的通信中，围绕《资本论》谈到如何继续发展马克思开创的研究时指出：“马克思的整个世界观不是教义，而是方法。它提供的不是现成的教条，而是进一步研究的出发点和供这种研究使用的方法。”[①] 在恩格斯这个著名的论断中，世界观与方法论是相通的，即马克思主义的世界观就是马克思主义的方法论，或者说马克思主义的世界观必然要求人们把它作为方法论去科学对待。习近平新时代中国特色社会主义思想中的世界观中体现着方法论的要求，方法论中蕴含着世界观的要求，表明中国共产党是一个既善于科学认识世界又善于积极改造世界的马克思主义政党。第三，这6个方面的“必须坚持”具有贯通性和贯穿性，在整个习近平新时代中国特色社会主义思想中的每一个理论组成部分和每一个战略性观点中都有鲜明的体现。

党的十九届六中全会通过的《中共中央关于党的百年奋斗重大成就和历史经验的决议》指出，“习近平同志对关系新时代党和国家事业发展的一系列重大理论和实践问题进行了深邃思考和科学判断，就新时代坚持和发展什么样的中国特色社会主义、怎样坚持和发展中国

①《马克思恩格斯选集》第四卷，人民出版社2012年版，第664页。

☆ **知识要点** >>>>>>>>>>>

十八大以来，以习近平同志为主要代表的中国共产党人，坚持把马克思主义基本原理同中国具体实际相结合、同中华优秀传统文化相结合，科学回答了新时代坚持和发展什么样的中国特色社会主义、怎样坚持和发展中国特色社会主义等重大时代课题，创立了习近平新时代中国特色社会主义思想。习近平新时代中国特色社会主义思想是对马克思列宁主义、毛泽东思想、邓小平理论、“三个代表”重要思想、科学发展观的继承和发展，是当代中国马克思主义、二十一世纪马克思主义，是中华文化和中国精神的时代精华，是党和人民实践经验和集体智慧的结晶，是中国特色社会主义理论体系的重要组成部分，是全党全国人民为实现中华民族伟大复兴而奋斗的行动指南，必须长期坚持并不断发展。在习近平新时代中国特色社会主义思想指导下，中国共产党领导全国各族人民，统揽伟大斗争、伟大工程、伟大事业、伟大梦想，推动中国特色社会主义进入了新时代，实现第一个百年奋斗目标，开启了实现第二个百年奋斗目标新征程。

——《中国共产党章程》

中国新民主主义革命的胜利和社会主义事业的成就，是中国共产党领导中国各族人民，在马克思列宁主义、毛泽东思想的指引下，坚持真理，修正错误，战胜许多艰难险阻而取得的。我国将长期处于社会主义初级阶段。国家的根本任务是，沿着中国特色社会主义道路，集中力量进行社会主义现代化建设。中国各族人民将继续在中国共产党领导下，在马克思列宁主义、毛泽东思想、邓小平理论、“三个代表”重要思想、科学发展观、习近平新

> 时代中国特色社会主义思想指引下，坚持人民民主专政，坚持社会主义道路，坚持改革开放，不断完善社会主义的各项制度，发展社会主义市场经济，发展社会主义民主，健全社会主义法治，贯彻新发展理念，自力更生，艰苦奋斗，逐步实现工业、农业、国防和科学技术的现代化，推动物质文明、政治文明、精神文明、社会文明、生态文明协调发展，把我国建设成为富强民主文明和谐美丽的社会主义现代化强国，实现中华民族伟大复兴。
>
> ——《中华人民共和国宪法》

特色社会主义，建设什么样的社会主义现代化强国、怎样建设社会主义现代化强国，建设什么样的长期执政的马克思主义政党、怎样建设长期执政的马克思主义政党等重大时代课题，提出一系列原创性的治国理政新理念新思想新战略”[①]。党的二十大关于习近平新时代中国特色社会主义思想世界观和方法论的全新概括则是新时代中国共产党对这 3 个时代课题总体性的新回答，深刻反映了在不断发展的习近平新时代中国特色社会主义思想指导下中国共产党对被在更深层次上认识了的共产党执政规律、社会主义建设规律、人类社会发展规律的高度理论自觉和实践自觉，赋予了马克思主义世界观和方法论鲜明的中国形态。

第三，习近平新时代中国特色社会主义思想世界观和方法论对马克思主义世界观和方法论的贡献，集中体现在以下几个方面。

①《中共中央关于党的百年奋斗重大成就和历史经验的决议》，人民出版社 2021 年版，第 25—26 页。

首先，在实践性和人民性的统一中彰显马克思主义世界观和方法论的真理力量。人的实践是马克思主义哲学世界观和方法论的出发点。在社会历史活动中，人的实践在根本上是人民群众认识世界和改变世界的客观活动。习近平新时代中国特色社会主义思想的世界观和方法论把马克思主义基本原理同中国具体实际相结合，坚持把实践的观点放在首位，认为“世界物质统一性原理是辩证唯物主义最基本、最核心的观点，是马克思主义哲学的基石”[①]。同时，又坚持把人民立场作为根本政治立场，认为“人民性是马克思主义的本质属性”[②]。这体现的是中国共产党在运用马克思主义哲学中对实践性和人民性、融通性的统一，而这种统一的基础则在于中国共产党所代表的先进的阶级利益和广泛的群众利益。在哲学史上“每一时代的主要阶级都根据各自的阶级利益和立场，依据当时的斗争形势和科学发展水平，来建立自己的哲学或运用原有的哲学体系来进行斗争，在斗争过程中又往往锻炼出日新月异的哲学新派别，以适应斗争需要”。[③] 马克思主义世界观和方法论是在捍卫无产阶级根本利益中形成的，也是对这一根本利益的哲学反映。习近平新时代中国特色社会主义思想的世界观和方法论则是在适应新时代伟大斗争实践和科学的新发展的基础上，对马克思主义世界观和方法论思想所捍卫的阶级利益和群众利益的新反映、新拓展和新升华，是在开辟马克思主义新境界中对马克思主义世界观和方法论真理力量的彰显。

其次，在规律性和主动性的统一中赋予马克思主义世界观和方法论强大的实践力量。马克思主义世界观和方法论作为认识史上的伟大

① 习近平:《辩证唯物主义是中国共产党人的世界观和方法论》,《求是》2019 年第 1 期。

② 习近平:《高举中国特色社会主义伟大旗帜　为全面建设社会主义现代化国家而团结奋斗——在中国共产党第二十次全国代表大会上的报告》，人民出版社 2022 年版，第 19 页。

③ 华岗:《规律论》，人民出版社 1982 年版，第 477 页。

变革，第一次把人类对自然和社会的理解建立在了科学世界观的基础上，特别是使对社会发展的认识成为有规律可循、具有了类似自然科学的精确性的真正的科学，“第一次使我们能以自然科学的精确性去研究群众生活的社会条件以及这些条件的变更”[①]。从资本主义阶段和社会主义阶段人们对社会规律的认识和运用的比较来看，社会主义建设规律的认识和实践，不再是以大量的偶然性作为前提和主要方式，在社会主义社会虽然也存在着偶然性的势力，但是总的说来，这里的规律不是盲目地在起着作用，而是被社会主义社会的人们所认识和掌握，从而自觉地起着作用[②]。也就是说，社会主义的社会条件使人们在认识社会发展规律基础上有目的地积极推动社会发展和进步成为可能。这是在与资本主义社会总体上的比较而言的。具体来说，人们对社会主义建设规律的认识和把握也要经历一个感性阶段到理性阶段的不断发展的过程。习近平新时代中国特色社会主义思想的世界观和方法论是在新时代新条件下对中国特色社会主义规律和中国共产党领导人民进行伟大斗争的历史主动性的新的统一，既表明了中国共产党对中国特色社会主义建设和发展规律的认识进入一个新的理性认识阶段，又表明了中国共产党对历史主动精神的认识进入一个新的理性认识的阶段，并集中表现为新时代中国共产党的战略思维能力。“战略问题是一个政党、一个国家的根本性问题。”“要善于进行战略思维，善于从战略上看问题、想问题。”[③]战略思维能力根本上是在科学认识规律的基础上以强烈的历史主动性对事物发展的宏观把握和驾驭。

再次，在问题导向和系统观念的统一中开辟马克思主义世界观和方法论的新境界。习近平新时代中国特色社会主义思想在方法论层面

①《列宁专题文集　论马克思主义》，人民出版社2009年版，第14页。

②华岗：《规律论》，人民出版社1982年版，第456—457页。

③《习近平谈治国理政》第四卷，外文出版社2022年版，第31页。

▶ 坚持系统观念治沙防沙，久久为功，绿色画卷在沙海中铺展。图为库布其沙漠绿意葱茏

所强调的问题导向和系统观念，涵盖了马克思主义世界观和方法论所要求的矛盾学说和联系的观点。坚持问题导向，实质是把对事物发展中的主要矛盾和矛盾的主要方面问题化、具体化，作为党治国理政的基本战略问题。系统的观念则是建立在事物普遍联系的基本观点之上的。“每种现象的一切方面（而且历史在不断地揭示出新的方面）相互依存，极其密切而不可分割地联系在一起，这种联系形成统一的、有规律的世界运动过程”①。坚持系统观念反映的是对世界运动过程的规律性的认识和把握。习近平新时代中国特色社会主义思想的世界观和方法论把坚持问题导向和系统观念高度统一了起来，强化了在整体上把握和解决事物主要矛盾、在重点论的基础上推动事物整体发展的哲学智慧以及在同一中把握矛盾、在矛盾中维护同一的实践能力。

①《列宁专题文集　论马克思主义》，人民出版社 2009 年版，第 12 页。

习近平总书记指出："面对复杂形势、复杂矛盾、繁重任务，没有主次，不加区别，眉毛胡子一把抓，是做不好工作的。我们要有全局观，对各种矛盾做到了然于胸，同时又要紧紧围绕主要矛盾和中心任务，优先解决主要矛盾和矛盾的主要方面，以此带动其他矛盾的解决，在整体推进中实现重点突破，以重点突破带动经济社会发展水平整体跃升，朝着全面建成社会主义现代化强国的奋斗目标不断前进。"① 这一方面是对马克思主义矛盾学说和联系的观点的继承与坚持，另一方面又开辟出了马克思主义世界观和方法论的新领域，使马克思主义世界观和方法论成为中国共产党带领广大人民群众在不断认识和解决前进中的发展问题时的强大哲学工具。问题导向和系统观念的统一并不是自动的、自然的和自发的，而是需要强大的学习能力形成强大的学习本领，也需要发挥坚强的钉钉子精神，这就创造性地解决了在运用马克思主义世界观和方法论指导实践过程中所需要的人的主体精神条件的问题，从而把马克思主义世界观和方法论推进到 21 世纪的新境界。

最后，在中华文化的"魂"与马克思主义的"根"的统一中开辟马克思主义世界观和方法论的新境界。马克思主义基本原理与中华优秀传统文化相结合，即"第二个结合"，"是我们党对马克思主义中国化时代化历史经验的深刻总结，是对中华文明发展规律的深刻把握，表明我们党对中国道路、理论、制度的认识达到了新高度，表明我们党的历史自信、文化自信达到了新高度，表明我们党在传承中华优秀传统文化中推进文化创新的自觉性达到了新高度"②。"第二个结合"能够进一步开辟习近平新时代中国特色社会主义思想世界观和方法论的新境界。党的历史发展表明，中国共产党自诞生后，对中华文

①《习近平谈治国理政》第四卷，外文出版社 2022 年版，第 31 页。

② 习近平：《在文化传承发展座谈会上的讲话》，《求是》2023 年第 17 期。

化一个重大的原创性贡献就是“用马克思主义真理的力量激活了中华民族历经几千年创造的伟大文明，使中华文明再次迸发出强大精神力量”[①]。中国共产党始终是在马克思主义和中华优秀传统文化两种思想力量的滋养中成长为百年大党的。在坚持马克思主义的同时不断汲取中华文化的精华来发展马克思主义，是中国共产党坚持理论创新的重要经验，而善于在中华文化精华与马克思主义精髓的统一中开创马克思主义世界观和方法论的新形态则成为这一重要经验的最重要的组成部分。理论的生命力源于创新，也成于创新。在马克思主义中国化理论史上，中国共产党通过汲取中华文化的思想精华对马克思主义世界观和方法论的中国形态的创造主要有 3 次。第一次是延安时期把马克思主义世界观和方法论概括为实事求是，使马克思主义的实践第一的观点与中华民族崇尚实际的文化精华有机结合在一起，在话语表达、理论呈现和群众认同上实现了创新，奠定了新民主主义革命、社会主义革命和建设伟大成就的哲学基础；第二次是改革开放初期赋予解放思想新的哲学内涵，把在推进理论与实践相统一中人的精神状态提高到马克思主义世界观和方法论的高度来认识和把握，使马克思主义关于世界的物质统一性观点与中华民族“周虽旧邦、其命维新”的文化精华、勇于思想变革的精神有机结合在一起，奠定了改革开放和社会主义现代化建设伟大成就的哲学基础；第三次是进入新时代后在创立当代中国马克思主义、二十一世纪马克思主义过程中，中国共产党以更强的历史自觉和理论毅力推进中华优秀传统文化与马克思主义世界观、方法论以及其立场观点方法结合的理论工程，系统地把人民至上、自信自立、守正创新、问题导向、系统观念、胸怀天下提升为习近平新时代中国特色社会主义思想世界观和方法论，从而在世界观

①《习近平谈治国理政》第四卷，外文出版社 2022 年版，第 509 页。

和方法论的高度上实现了把马克思主义的基本原理与中华优秀传统文化相贯通、同人民群众日用而不觉的共同价值相融通，全面系统回答了什么是马克思主义世界观和方法论，怎么坚持和发展马克思主义世界观和方法论这一重大时代理论问题，成为“新时代中国哲学的高度凝练、蕴含着辩证唯物主义和历史唯物主义的哲学精华”[①]，奠定了新时代中国特色社会主义伟大成就的哲学基础，也开创了马克思主义世界观和方法论的新境界和新辉煌。总之，以“六个必须坚持”为主要内容的习近平新时代中国特色社会主义思想世界观和方法论，贯通历史与现实、理论与实践、国内与国外，开辟了马克思主义世界观和方法论的新境界，在马克思主义发展史上具有极其重大的价值和意义。

总结起来说，党的二十大对习近平新时代中国特色社会主义思想世界观和方法论的阐述，深刻体现了新时代中国共产党对马克思主义发展史基本规律的认识和把握、对马克思主义中国化时代化发展和概括的基本规律的认识和把握，以及对用科学理论指导伟大事业新发展的基本规律的认识和把握。习近平新时代中国特色社会主义思想的世界观和方法论的提出及其内涵的确立，是习近平新时代中国特色社会主义思想在继续发展中的必然要求，在根本上则是辩证唯物主义和历史唯物主义的客观反映和要求。习近平新时代中国特色社会主义思想的世界观和方法论，在实践性和人民性的统一中彰显马克思主义世界观和方法论的真理力量，在规律性和主动性的统一中赋予马克思主义世界观和方法论强大实践力量，在问题导向和系统观念的统一中开辟马克思主义世界观和方法论的新境界，在中国文化精华与马克思主义精髓的统一中创造马克思主义世界观和方法论的新形态。

---

① 王伟光：《当代中国马克思主义的最新理论成果——习近平新时代中国特色社会主义思想学习体会》，《中国社会科学》2017 年第 12 期。

四

在“两个结合”中看中国式现代化的世界观

中国式现代化是人们目前非常关注的一个问题。中国式现代化既是道路和实践，也是理论和观念。从中国式现代化所包含的理念来看，其中融入了中华民族和中国人民在世界观意义上对现代化的独特认识。

习近平总书记在阐述中国式现代化的特质和世界意义时指出：“中国式现代化蕴含的独特世界观、价值观、历史观、文明观、民主观、生态观等及其伟大实践，是对世界现代化理论和实践的重大创新。”① 这是对中国式现代化核心思想内涵的理论提炼和科学概括。在中国式现代化所蕴含的世界观、价值观、历史观、文明观、民主观、生态观中，无疑，世界观是基础和根本，是其他几个“观”的前提。反过来说，中国式现代化的价值观、历史观、文明观、民主观、生态观，则是中国式现代化的世界观在不同方面的展开和具体化。中国式现代化的世界观，具有丰富的内容和明确指向。中国式现代化熔铸了辩证唯物主义世界观和中华文化宇宙观，体现了习近平新时代中国特色社会主义思想世界观和方法论的实践要求。

首先，中国式现代化是“两个结合”熔铸形成的。

①《习近平在学习贯彻党的二十大精神研讨班开班式上发表重要讲话强调　正确理解和大力推进中国式现代化》，《人民日报》2023 年 2 月 8 日。

从历史的角度看，广义而言，现代化作为一个世界性历史进程，是指人类社会从工业革命以来所经历的一场急剧变革，这一变革以工业化为推动力，导致传统的农业社会向现代工业社会的全球性的大转变过程，在这个过程中工业主义渗透到经济、政治、文化、思想各个领域，引起社会适应性的巨大变化[①]。中国式现代化是中国共产党诞生后，面对人类现代化这个大的历史课题和近代以来中华民族现代化的客观要求，思考和探索中华民族现代化所取得的重大理论和实践成果，标志着中华民族开始拥有了一条与自身民族实际、民族禀赋、民族气质、民族胸怀相适应的成功的现代化道路，使得以中国式现代化全面推进中华民族伟大复兴在近代以来中国发展史上第一次具有了高度的现实性和清晰的必然性。

党的二十大报告指出："中国式现代化，是中国共产党领导的社会主义现代化，既有各国现代化的共同特征，更有基于自己国情的中国特色。"[②] 这里的国情，既包含经济社会发展意义上的国情，也包含政治关系和政治发展意义上的国情。在后者的意义上，习近平总书记指出："一定要认清，中国最大的国情就是中国共产党的领导。什么是中国特色？这就是中国特色。"[③] 可以说，中国式现代化最本质、最大的特色是建立在中国共产党的领导这一政治基础和社会主义制度这一制度基础之上的。作为中国共产党领导的社会主义现代化，中国式现代化必然要建立在自己特有的思想基础之上，必然要形成彰显自己特色的世界观来反映自己的政治基础和制度基础。

中国共产党是以马克思主义作为思想基础和指导思想的，同时又

---

① 罗荣渠：《现代化新论——世界与中国的现代化进程》（增订版），商务印书馆 2004 年版，第 17 页。

② 习近平：《高举中国特色社会主义伟大旗帜　为全面建设社会主义现代化国家而团结奋斗——在中国共产党第二十次全国代表大会上的报告》，人民出版社 2022 年版，第 22 页。

③《习近平著作选读》第一卷，人民出版社 2023 年版，第 190 页。

是在中华优秀传统文化的深厚涵养中不断汲取思想力量的。中国式现代化的世界观鲜明体现了“两个结合”的理论逻辑和历史要求，或者说，是“两个结合”在中国式现代化进程中熔铸而成的世界观新形态。

马克思主义世界观和方法论是中国式现代化的世界观建构中最根本的思想力量和理论基础。中国共产党百余年来对中国式现代化的探索，就是运用马克思主义世界观和方法论认识中国和世界、推动实现中华民族现代化的过程。

中国式现代化中的辩证唯物主义世界观，主要体现为：第一，根据物质决定意识的基本原理，形成了一切从实际出发的实践自觉，反对对任何外来现代化模式的照抄照搬，坚持独立自主地从中国自身的发展实际出发来探索本国的现代化道路，实现了现代化的一般性和本土性的有机融合和内在统一；第二，根据事物发展的矛盾运动规律，形成了以抓主要矛盾来确立问题导向的有计划、分阶段推进现代化的方法论自觉，把不同阶段生产力和生产关系之间客观上的主要矛盾转化为对现代化进程中主要矛盾的战略判断，并基于这一判断形成不同时期的中心任务，实现了现代化整体性推进和阶段性突变的高度统一；第三，根据唯物主义的辩证方法论，涵养和锤炼中国共产党的辩证思维能力，形成了在应对复杂局面中统筹兼顾推进现代化的工作自觉；第四，根据实践第一的基本观点，不断推进现代化实践基础上建构自主知识体系的理论自觉，形成了反映中国式现代化的理论体系，实现了中国式现代化的实践推进与理论创造的历史一致。

辩证唯物主义世界观使中国式现代化建基于科学的理论基础之上，是中国式现代化在人类现代化史上强大崛起的根本思想保证和理论动力。从“两个结合”来看，中国式现代化世界观既体现了矛盾的一般性与特殊性，又体现了对待历史文化的继承性和科学性，蕴含了中华文化宇宙观的强大思想力量，体现着中国共产党推动中华优秀传统文化创造性转化、创新性发展的卓越理论智慧和理论能力。

中华文化是中华民族在形成、发展过程中形成对人与自然、人与社会、人与人关系认识和实践的认知体系、价值体系、知识体系和实践体系，包含着西方哲学意义上的世界观、本体论、认识论、实践论等范畴而又独具自身的认识特质和理论特色，“是中华民族的根和魂，是我们在世界文化激荡中站稳脚跟的根基”[①]。中华文化既是中华民族生存和发展实践的思想反映，又是对中华民族生存和发展的价值引领，长期滋养和引领着中华民族生生不息，历久弥新，是中华文明的整体性思想内核，体现着中华文明的理论深度和思想广度。

习近平总书记指出：“中华民族有着深厚文化传统，形成了富有特色的思想体系，体现了中国人几千年来积累的知识智慧和理性思辨。这是我国的独特优势。”[②] 新时代是中国共产党在继往开来中不断提炼中华文化和中华文明的一个新阶段。在党的二十大报告中，习近平总书记指出：“中华优秀传统文化源远流长、博大精深，是中华文明的智慧结晶，其中蕴含的天下为公、民为邦本、为政以德、革故鼎新、任人唯贤、天人合一、自强不息、厚德载物、讲信修睦、亲仁善邻等，是中国人民在长期生产生活中积累的宇宙观、天下观、社会观、道德观的重要体现，同科学社会主义价值观主张具有高度契合性。”[③] 习近平总书记对中华文化的这一阐述，在中华文化发展史和研究史上具有重要意义，体现了对中华文化和中华文明的总体性认识和提炼，包含着对中华文化中“宇宙观”的独特认识。总体来看，道法

---

① 中共中央党史和文献研究院、中央学习贯彻习近平新时代中国特色社会主义思想主题教育领导小组办公室编：《习近平新时代中国特色社会主义思想专题摘编》，中央文献出版社、党建读物出版社 2023 年版，第 327 页。

②《习近平著作选读》第一卷，人民出版社 2023 年版，第 480 页。

③ 习近平：《高举中国特色社会主义伟大旗帜　为全面建设社会主义现代化国家而团结奋斗——在中国共产党第二十次全国代表大会上的报告》，人民出版社 2022 年版，第 18 页。

自然、天人合一，亲仁善邻、协和万邦，天下为公、民为邦本，自强不息、厚德载物，构成了中华文化意义上的“宇宙观”范畴的主要内容，集中展现出中华民族对世界本源、历史规律和人的关系、群众的历史作用等问题的特有认识，在不同的层面上构成了中华文化“宇宙观”的重要内容和时代精华之所在。在中国式现代化的探索、形成和发展过程中，中国共产党始终重视对中华文化思想内涵和精神价值的充分汲取，把马克思主义放置到中华文化的土壤里去理解和把握，以强烈的历史主动精神和鲜明的历史使命意识对中华文化继承、发展和创新，赋予了中国式现代化成果厚实的文化支持和价值凝聚，在客观上也把中国式现代化引向对新的人类文明形态的塑造。

中华文化宇宙观深深地蕴含在中国式现代化之中，使中国式现代化具有了一系列独特的文化气质特征。具体地说，中国式现代化体现了“道法自然、天人合一”的遵循自然和历史发展规律的意识，彰显了“亲仁善邻、协和万邦”的世界气度，呈现出“天下为公、民为邦本”的人民情怀和人类情感，并且透射着“自强不息、厚德载物”的历史主动精神和民族自强精神。中国式现代化所蕴含的中华文化“宇宙观”的这 4 个方面，与辩证唯物主义世界观有着高度的思想契合性，使得中国共产党领导的社会主义现代化事业既立足经济和技术变革，又超越了经济和技术变革，成为一场巨大的对传统文化的创造性转化和创新性发展，成为对人类文明新形态划时代的新探索和新塑造。当然，中华文化的“宇宙观”在中国式现代化理论和实践中并不是孤立地起作用的，而是在与辩证唯物主义世界观相互作用、相互融合中起作用的，建构起理解、认识和把握辩证唯物主义世界观的中华文化向度，这使得辩证唯物主义世界观深深地扎根在中华文化的“宇宙观”中，与中华文化的“宇宙观”一起塑造着中国式现代化的思想基础、价值追求和走向新文明的时代向度。

◆文献采撷

马克思主义尽管诞生在一个半多世纪之前，但历史和现实都证明它是科学的理论，迄今依然有着强大生命力。马克思主义深刻揭示了自然界、人类社会、人类思维发展的普遍规律，为人类社会发展进步指明了方向；马克思主义坚持实现人民解放、维护人民利益的立场，以实现人的自由而全面的发展和全人类解放为己任，反映了人类对理想社会的美好憧憬；马克思主义揭示了事物的本质、内在联系及发展规律，是“伟大的认识工具”，是人们观察世界、分析问题的有力思想武器；马克思主义具有鲜明的实践品格，不仅致力于科学“解释世界”，而且致力于积极“改变世界”。在人类思想史上，还没有一种理论像马克思主义那样对人类文明进步产生了如此广泛而巨大的影响。

——习近平总书记在哲学社会科学工作座谈会上的讲话，2016 年 5 月 17 日

回顾党的百年奋斗史，我们党之所以能够在革命、建设、改革各个历史时期取得重大成就，能够领导人民完成中国其他政治力量不可能完成的艰巨任务，根本在于掌握了马克思主义科学理论，并不断结合新的实际推进理论创新，使党掌握了强大的真理力量。中国共产党为什么能，中国特色社会主义为什么好，归根到底是马克思主义行，是中国化时代化的马克思主义行。这是历史的结论。

——习近平总书记在二十届中央政治局第六次集体学习时的讲话，2023 年 6 月 30 日

其次，中国式现代化的世界观蕴含着习近平新时代中国特色社会主义思想世界观和方法论的实践要求。

习近平总书记指出："科学的世界观和方法论是我们研究问题、解决问题的'总钥匙'。"[①] 中国共产党在对马克思主义的学习、研究和运用中，始终坚持把马克思主义的科学世界观和方法论放在推进马克思主义中国化时代化的首位，不断"让哲学从哲学家的课堂上和书本里解放出来，变为群众手里的尖锐武器"[②]。在新时代的理论创造过程中，中国共产党既重视在中华民族复兴和人类解放发展、马克思主义基本原理和中华优秀传统文化的结合中对马克思主义中国化时代化进行整体性的理论创造，又重视对科学世界观的重点把握和运用，在一以贯之地注重对习近平新时代中国特色社会主义思想基本方法论的总结和概括的基础上系统地提出了这一思想的世界观和方法论，即党的二十大报告所深刻阐述的"六个必须坚持"。"六个必须坚持"源于辩证唯物主义世界观又赋予了辩证唯物主义世界观中国形态，是新时代中国共产党从世界的物质统一性原理出发对如何认识世界、如何改造世界的集中性回答和总体性认识，既具有马克思主义的性质又具有中华文化"宇宙观"的特色。习近平总书记指出："实事求是，是马克思主义的根本观点，是中国共产党人认识世界、改造世界的根本要求，是我们党的基本思想方法、工作方法、领导方法。"[③] 在这个意义上说，习近平新时代中国特色社会主义思想的世界观和方法论又是对实事求是这一根本要求的新的创造性丰富和完善。

① 习近平：《在二十届中央政治局第一次集体学习时的讲话》，《求是》2023 年第 2 期。

②《毛泽东文集》第八卷，人民出版社 1999 年版，第 323 页。

③ 习近平：《论党的自我革命》，党建读物出版社、中国方正出版社、中央文献出版社 2023 年版，第 75 页。

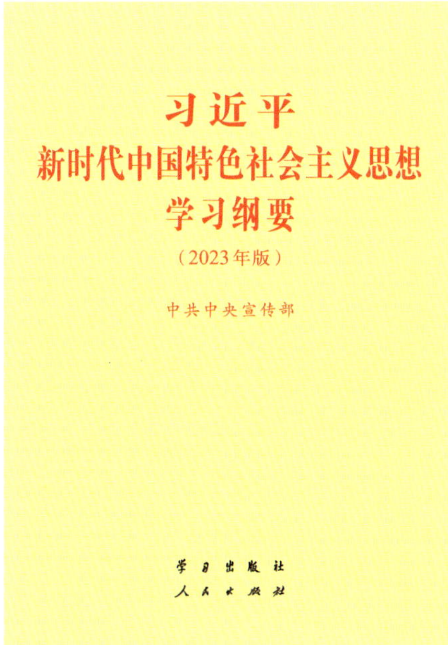

▶《习近平新时代中国特色社会主义思想学习纲要（2023年版）》

中国式现代化是中国共产党带领广大人民群众一代代接续奋斗的成果。党的十八大以来，我们党在已有基础上继续前进，不断实现理论和实践上的创新突破，成功推进和拓展了中国式现代化。中国式现代化在新时代的成功推进和拓展，是在习近平新时代中国特色社会主义思想的世界观和方法论直接指导和思想塑造下形成的，系统反映了“六个必须坚持”的世界观和方法论的要求。具体地说，必须坚持人民至上，要求中国式现代化必须立足人民群众的力量，以推动实现实质性共同富裕为主要特征；必须坚持自信自立，要求中国式现代化必须在马克思主义指导下，在人类现代化共性和中国式现代化个性的统一中探索和开辟自己的现代化道路，坚定对中国式现代化的理论自信、历史自信和道路自信，通过对建设“什么样的社会主义现代化国家、如何建设社会主义现代化国家”这一课题的回答推动人类现代化理论和实践的发展，实现中国式现代化和人类现代化的有机统一；必须坚持守正创新，要求中国式现代化在坚守“两个结合”和中国特色社会主义的必由之路的基础之上不断推进理论和实践的创新，围绕中国式现代化的本质要求、基本特征和实践原则开创全新的现代化理论和构筑全新的现代化形态，在超越西方现代化后走出人类现代化的一条新道路，并推动以中国式现代化开创人类文明新形态；必须坚持问题导向，要求中国式现代化必须以新时代社会主要矛盾为出发点，在抓发展中的主要矛盾和矛盾的主要方面的基础上形成国家现代化的总体战略；必须坚持系统观念，要求中国式现代化必须正确认识和处理物质文明和精神文明，人与自然界，发展中各个领域、各个地域之间的协调发展关系，推动实现整体性进步和可持续性发展；必须坚持胸怀天下，要求中国式现代化必须正确认识中国发展与世界发展、中国现代化与人类现代化的关系，以中国式现代化贡献于人类的新解放和新发展，不断拓展和彰显中国式现代化“协和万邦”的人类史意义。

习近平总书记指出：“马克思主义中国化时代化这个重大命题本身就决定，我们决不能抛弃马克思主义这个魂脉，决不能抛弃中华优秀传统文化这个根脉。坚守好这个魂和根，是理论创新的基础和前提。”[①] 中国式现代化以强大的历史力量生动体现了二十一世纪马克思主义世界观的科学性和真理性，构筑起习近平新时代中国特色社会主义思想的世界观和方法论的实践样态，对世界现代化有强烈的典型示范意义。

一部马克思主义世界观和方法论的发展史，是马克思主义创始人基于人类解放的伟大历史使命，在开天辟地的创造性科学研究中实现世界观和方法论革命性变革的历史；是一代代马克思主义者基于坚定信念和崇高信仰，在感天动地的创造性历史实践中运用、捍卫和发展马克思主义世界观和方法论的历史；是中国共产党基于为民族谋复兴、为人民谋幸福、为世界谋大同的初心使命，在惊天动地的百余年伟大斗争中，不断推动马克思主义世界观和方法论中国化时代化并形成习近平新时代中国特色社会主义思想的世界观和方法论的历史。在

---

①《习近平在中共中央政治局第六次集体学习时强调　不断深化对党的理论创新的规律性认识　在新时代新征程上取得更为丰硕的理论创新成果》，《求是》2024 年第 2 期。

二十一世纪马克思主义世界观和方法论的理论武装上，中国共产党将带领亿万人民群众以坚定的历史毅力和卓越的理论智慧，在以中国式现代化全面推进中华民族伟大复兴的新征程上创造新的历史荣光，在开创人类文明新形态和推动构建人类命运共同体过程中不断彰显马克思主义世界观和方法论的真理力量、实践力量和时代力量。

主要参考文献

1.《马克思恩格斯选集》第一卷至第四卷，人民出版社 2012 年版。

2.《马克思恩格斯文集》第一、第二、第四、第五、第九、第十卷，人民出版社 2009 年版。

3.《列宁全集》第六、第十七、第三十、第三十二、第五十五、第五十八卷，人民出版社 2017 年版。

4.《列宁选集》第一卷至第四卷，人民出版社 2012 年版。

5.《列宁专题文集　论辩证唯物主义和历史唯物主义》，人民出版社 2009 年版。

6.《列宁专题文集　论马克思主义》，人民出版社 2009 年版。

7. 列宁：《唯物主义和经验批判主义》，人民出版社 2015 年版。

8. 中共中央文献研究室编：《毛泽东年谱（1893—1949）（修订本）》上卷，中央文献出版社 2013 年版。

9.《毛泽东选集》第一卷至第四卷，人民出版社 1991 年版。

10.《毛泽东文集》第一、第八卷，人民出版社 1999 年版。

11.《毛泽东书信选集》，中央文献出版社 2003 年版。

12.《周恩来选集》下卷，人民出版社 1984 年版。

13. 中共中央文献研究室编：《周恩来年谱（1898—1949）（修订本）》，中央文献出版社 1998 年版。

14.《刘少奇选集》上卷，人民出版社 1981 年版。

15.《邓小平文选》第二卷至第三卷，人民出版社 1994、1993 年版。

16. 中共中央文献研究室编：《邓小平年谱（1975—1997）》上、下，中央文献出版社 2004 年版。

17.《习近平著作选读》第一卷至第二卷，人民出版社 2023 年版。

18.《习近平谈治国理政》第四卷，外文出版社 2022 年版。

19. 习近平：《高举中国特色社会主义伟大旗帜　为全面建设社会主义现代化国家而团结奋斗——在中国共产党第二十次全国代表大会上的报告》，人民出版社 2022 年版。

20. 习近平：《学习马克思主义基本理论是共产党人的必修课》，《求是》2018 年第 22 期。

21. 习近平：《坚持历史唯物主义不断开辟当代中国马克思主义发展新境界》，《求是》2020 年第 2 期。

22. 习近平：《辩证唯物主义是中国共产党人的世界观和方法论》，《求是》2019 年第 1 期。

23. 习近平：《在文化传承发展座谈会上的讲话》，《求是》2023 年第 17 期。

24. 习近平：《在二十届中央政治局第一次集体学习时的讲话》，《求是》2023 年第 2 期。

25. 中共中央党史和文献研究院、中央学习贯彻习近平新时代中国特色社会主义思想主题教育领导小组办公室编：《习近平新时代中国特色社会主义思想专题摘编》，中央文献出版社、党建读物出版社 2023 年版。

26. 中共中央宣传部编：《习近平总书记系列重要讲话读本（2016 年版）》，学习出版社、人民出版社 2016 年版。

27.《中共中央关于党的百年奋斗重大成就和历史经验的决议》，人民出版社 2021 年版。

28.《中国共产党重要文献汇编》第一卷，人民出版社 2022 年版。

29. 中共中央党史研究室、中央档案馆编：《中国共产党第六次全国代表大会档案文献选编》，中共党史出版社 2022 年版。

30. 中共中央文献研究室、中央档案馆编：《建党以来重要文献选编（1921—1949）》第三、第五、第六、第七、第十五、第十八册，中央文献出版社 2011 年版。

31.《陈独秀文集》第二卷，人民出版社 2013 年版。

32. 张君劢、丁文江等：《科学与人生观》，山东人民出版社 1997 年版。

33. 华岗：《规律论》，人民出版社 1982 年版。

34. 罗荣渠：《现代化新论——世界与中国的现代化进程》（增订版），商务印书馆 2004 年版。

35. 王伟光：《习近平新时代中国特色社会主义思想对发展马克思主义的原创性贡献》，《马克思主义理论学科研究》2022 年第 9 期。

36. 王伟光：《当代中国马克思主义的最新理论成果——习近平新时代中国特色社会主义思想学习体会》，《中国社会科学》2017 年第 12 期。

37.［德］康德：《判断力批判》，邓晓芒译，人民出版社 2002 年版。

38.［德］黑格尔：《精神现象学》，先刚译，人民出版社 2013 年版。

39.［德］海德格尔：《现象学之基本问题》（修订译本），丁耘译，商务印书馆 2022 年版。

40.［德］海德格尔：《存在与时间》，陈嘉映、王庆节译，商务印书馆 2016 年版。

41.［德］爱德华·伯恩施坦：《社会主义的历史和理论》，马元德等译，东方出版社 1989 年版。

42.《托洛茨基言论》上册，生活·读书·新知三联书店 1979 年版。

43.［美］埃德加·斯诺：《西行漫记》，董乐山译，东方出版社 2010 年版。

44. ［德］爱德华·伯恩施坦著，殷叙彝编：《伯恩施坦文选》，人民出版社 2008 年版。

45. ［俄］列·托洛茨基著，郑异凡编：《托洛茨基文选》，人民出版社 2010 年版。

后　记

马克思主义世界观和方法论，即辩证唯物主义和历史唯物主义的历史观和方法论，是马克思主义的核心理论组成部分。科学社会主义的历史实践充分表明，对马克思主义世界观和方法论的科学认识和把握程度，在根本上决定着马克思主义的历史命运，也在根本上决定着社会主义的兴衰荣辱。

中国共产党在领导广大人民群众为中华民族伟大复兴奋斗的百余年历史进程中，高度重视对马克思主义世界观和方法论的创造性运用，在推动马克思主义中国化时代化的过程中不断把马克思主义世界观和方法论同中国具体实际、同中华优秀传统文化相结合，赋予马克思主义世界观和方法论以中华民族的鲜明文化特色、实践特色和理论特色。党的二十大对习近平新时代中国特色社会主义思想的世界观和方法论科学内涵的系统阐述，进一步开创了马克思主义世界观和方法论中国化时代化的新阶段。

从马克思主义世界观和方法论的创立到习近平新时代中国特色社会主义思想的世界观和方法论的创立，是一个统一的具有自身思想逻辑、历史逻辑和实践逻辑的发展整体。本书的一个重要目的，就是以相对通俗化的方式来呈现这个发展整体，在“史”（科学社会主义发展史）的演进中思考“论”（马克思主义世界观和方法论），在“论”

的观念上提升对“史”的认识。本书是集体研究的成果，分工情况具体如下：

任晓伟教授（陕西师范大学、西藏民族大学）负责本书提纲和第五章的撰写，并负责全书修改和统稿。白清平教授（陕西科技大学）参与了第五章的一些整理工作。张兵教授（陕西师范大学）负责第一章“何为世界观和方法论”的撰写。李后东副教授（陕西师范大学）负责第二章“马克思主义世界观和方法论的创立”的撰写。邓新星副教授（西藏民族大学）负责第三章“列宁对马克思主义世界观和方法论的继承和发展”的撰写。袁玉梅副教授（陕西师范大学）负责第四部分“毛泽东对马克思主义世界观和方法论的创新”的撰写。

本书的研究和出版得到学习出版社彭绍骏同志和沈潇萌同志的鼓励和支持，他们为本书的形成和付梓花费了大量心血。

任晓伟

2023 年 12 月 9 日